행복에는
소리가 없다

행복에는 소리가 없다

나와 내가 연결되는 순간, 내면의 숲을 걷다

초 판 1쇄 2025년 01월 21일

지은이 박정심
펴낸이 류종렬

펴낸곳 미다스북스
본부장 임종익
편집장 이다경, 김가영
디자인 임인영, 윤가희
책임진행 김은진, 이예나, 김요섭, 안채원, 장민주

등록 2001년 3월 21일 제2001-000040호
주소 서울시 마포구 양화로 133 서교타워 711호
전화 02) 322-7802~3
팩스 02) 6007-1845
블로그 http://blog.naver.com/midasbooks
전자주소 midasbooks@hanmail.net
페이스북 https://www.facebook.com/midasbooks425
인스타그램 https://www.instagram.com/midasbooks

© 박정심, 미다스북스 2025, *Printed in Korea*.

ISBN 979-11-7355-049-2 03190

값 18,500원

미다스북스는 다음세대에게 필요한 지혜와 교양을 생각합니다.

행복에는
소리가 없다

나와 내가 연결되는 순간,
내면의 숲을 걷다

박정심 지음

1장
내면의 소리에 집중하라

이 책을 볼
독자들에게

망망대해에서 방향을 잃지 않도록 길을 잡아 주는

눈으로 볼 수 없는 속마음을 비추는 거울이기를,

깊고도 깊은 절벽 끝에 다다를 때

추락이 아닌 날갯짓을 선택할 수 있도록

미세한 떨림까지 헤아려 주는

마음의 거울이 우리 안에 숨쉬기를,

눈에 보이지 않아 방치된 슬픔이

겹겹이 쌓여 무겁고 지칠 때

그 묵직한 마음에 살며시 말을 걸어

홀로 짊어지지 않아도 된다고 속삭여 주기를,

상처받아 쓰라린 기억들이 흉터로 남기 전에

조심스레 반창고를 붙여

차가운 세상 앞에서도 다시 일어설

용기를 주는 거울이 되기를.

세상 소음이 멀어지고,

고요한 호수 같은 평온함에 머물 수 있게

또는 푸른 숲의 속삭임에 귀 기울이며

숨을 고르고 한 걸음 내디딜 용기를 주는

미로 같은 골목 속에서 길을 잃지 않도록

다시 한번 마음의 길을 비춰 주는,

이 책이 바로 그 거울이 되기를.

보이지 않는 마음의 여정을 걷는 이들에게

마음을 비추는 거울로 다가서기를.

행복에는 소리가 없다

나와 내가 연결되는 순간,
내면의 숲을 걷다

오랜 시간 동안 나는 미래의 나를 상상하며 한 걸음씩 나아가고 있다. 미래의 나를 구체적으로 그려 보고, 그 모습이 현실로 다가오도록 지금, 이 순간 내가 할 수 있는 일이 무엇인지 고민하며 스스로 끊임없이 질문을 던졌다. 단순한 상상에 그치지 않도록, 주어진 시간 속에서 최선을 다해 성장이라는 도구를 손에 쥐고 배움과 경험을 선택하며 걸어왔다.

그 결과, 삶을 대하는 내 시각은 완전히 달라졌다. 나를 탐색하고 찾아가는 길 위에서 깊어진 생각들이 나만의 길을 조금씩 드러내었다. 계획했던 일들이 하나둘 현실로 이어질 때마다 세상에 대한 두려움은 서서히 사라졌고, 그 자리를 성취감과 함께 새로운 용기가 채웠다.

용기는 생각을 행동으로 실천할 수 있도록 이끄는 힘이다. 말보다는 행동으로 증명될 때 비로소 진정한 가치를 발휘한다.

나만의 삶의 방식을 하나씩 터득해가며, 작은 실천들이 쌓여가면서 변화하는 나를 바라보게 했다. '나'라는 존재는 내가 생각했던 것보다 훨씬 더 신비롭고, 탐구할수록 더욱 매력적인 사람이라는 사실을.

돌아보면, 시골에서 자라서 학문보다는 인생을 대하는 태도를 가르쳐 주신 부모님의 영향이 컸다. 특히 책임감과 부지런함은 그분들이 몸소 실천으로 보여 주신 가장 큰 유산이었다. 그 모습을 보며 나는 자연스럽게 삶에 대한 올바른 자세를 익혔다. 그 가르침은 내 인성을 다듬는 밑거름이 되었고, 오늘의 나는 그 토대 위에 나만의 배움과 실천을 쌓아 가며 성장해왔다.

자연 속에서 씨앗이 뿌리를 내리고 새싹이 돋아나는 과정을 통해 인내를 배우고, 계절이 바뀌는 모습을 보며 순환의 법칙을 깨달았다. 부모님의 성실함이 자연의 이치와 닮아 있음을 느꼈다. 어떤 보상을 기대하지 않고 묵묵히 걸어가는 그 모습은 자연의 섭리를 따르는 삶이었다.

지천명의 나이에 접어든 지금, 부모님과 자연이 나에게 물려준 삶의 원칙 덕분에 더 단단하고 유연한 사람이 되었다. 고난 앞에서도 흔들리지 않는 내면의 힘을 얻었고, 세상의 이치를 한층 더 명확히 바라볼 수 있게 되었다.

주어진 순간과 환경 속에서 배움을 발견하고, 이를 내 삶에 녹여내는 과정에서 진정한 행복을 경험했다. 배움은 무지로 인한 두려움을 걷어내고, 나를 더 넓고 깊은 세상으로 나아가게 하는 강력한 힘이 되었다.

계획하고 실행하며 살아온 시간의 축적에서 '나'라는 존재는 끊임없이 허물을 벗고 새로움으로 나아가는 과정에 있다. 그 과정에서 삶에 가장 큰 변화를 가져다준 것은 첫 번째와 두 번째 책에서도 강조했던 요가, 독서 그리고 명상이었다. 이 세 가지는 마치 삶의 중심축처럼 나를 흔들림 없이 지탱하고 있다. 오랜 시간 나와 함께하며 내면 깊은 곳에서 새로운 나를 빚어내고 있다.

요가는 몸과 마음을 연결해 주는 다리처럼 나를 고요한 상태로 이끈다. 독서는 다양한 세상과 사람들을 만나며 사고의 경계를 넓혀 준다. 눈으로 얻은 지식은 내면에서 걸러져 나를 균형 있는 존재로 이끈다. 명상은 내면의 소리에 귀 기울이게 하며, 혼란 속에서도 나만의 중심을 찾을 수 있도록 돕는다. 이 세 가지는 각기 다른 방식으로 나를 성장시키며, 삶을 전체적으로 바라볼 수 있는 시야를 열어주었다. **변화를 가능하게 한 열쇠는 오직 실행이었다.**

변화를 이루기 위해서는 누구나 삶 속에서 어둠에 잠긴 밤처럼 힘겨운 순간을 겪게 된다. 그 어둠은 해야 할 일들로 가득 차 주변을 고요하게 만들지만, 그 고요함 속에서 평안보다는 불안과 막막함이 자주 찾아온다. 나아가고 있다는 느낌은 들지만, 그 끝이 어디인지, 혹은 올바른 방향인지조차 알 수 없어 가슴이 먹먹해질 때가 있다.

그럴 때 우리는 의식적으로 발걸음을 멈추고, 자신에게 귀를 기울여야 한다. 어둠 속에서 들려오는 내면의 목소리는 어쩌면 오래전부터 기다리고 있던 메시지일지도 모른다. 바쁘고 소란스러운 일상 속에서 놓쳤던 우리의 진짜 마음, 숨기고 감춰 왔던 감정, 외면했던 두려움과 갈망들이 그 순간에 비로소 선명하게 드러난다.

마주한 내면의 목소리는 때로는 따뜻한 위로가 되기도 하고, 때로는 깊은 성찰의 계기를 주기도 한다. 그 순간이 진정한 변화의 전환점을 가져다 줄 가능성을 품고 있다.

내면의 소리에 귀 기울이는 일은 내가 살아가는 이유를 발견하고, 나의 길을 선택하도록 이끄는 순간들의 속삭임을 듣는 것이다. 그 소리를 조언과 판단 없이, 있는 그대로 받아들이는 연습이 필요하다.

내면의 소리를 듣기 위해서는 깊고 고요한 내면의 숲을 걸어야 한다. 그 여정은 때로 고통스럽고 힘들게 느껴질 수 있지만, 돌이켜보면 그것은 내면의 등을 밝히는 과정이다. 밝은 사람은 긍정적이며 세상을 바라보는 제3의 눈, 즉 지혜로 세상의 관계를 연결한다. 지혜는 경험을 통한 앎과 어둠을 잠재운 마음의 깊이에서 나오는 힘이다.

이 책은 내면의 숲을 걸으며 마주한 순간들을 이야기한다. 겉으로는 아무 일도 일어나지 않는 것처럼 보이지만, 마음속에서는 크고 작은 혼란과 싸움 속에서 새로운 길을 찾으려는 몸부림이 계속되었다. 그 숲속에서 내면을 들여다보며 발견한 작은 빛들을 따라 걷기 시작했고, 그 과정에서 나만의 아름다운 숲을 발견할 수 있었다.

숲을 한 걸음씩 걸어가다 보면 나무 사이로 희미하게 빛나는 희망의 별이 보이기 시작한다. 그 별이 너무 멀어 손에 닿을 것 같지 않지만, 계속해서 걸어가다 보면 어느새 가까워져 있다. 인생은 용기와 희망을 품고 작은 조각들을 맞춰가며 걸어가는 길이다. 숲은 나를 정화시키고 되돌아보게 하며, 목적지를 향해 어떻게 나아갈 것인가를 사유하는 쉼터이다.

이 글을 읽는 여러분도 자신만의 내면의 숲을 발견하고 걸어갈 수 있기를 바란다. 숲속에서 길을 잃었다고 느끼는 순간이 사실은 새로운 길을 찾아가는 첫걸음임을 알게 될 것이다.

이 책을 통해 독자분과 여정을 함께 나누고 싶었다. 각자 다른 숲을 가지고 있을지라도, 우리의 이야기를 공유하며 서로를 더 깊이 이해하고 공감할 수 있기를 소망한다. 함께 걸으며 숲속의 작은 빛들을 모아 더 밝은 희망의 길을 만들어 갈 수 있기를 바란다.

이 책을 사랑하는 가족과 함께, 존경과 감사의 마음을 담아 두 어머니 김옥매, 김석순 여사님께 바칩니다. 늘 고맙고, 사랑합니다.

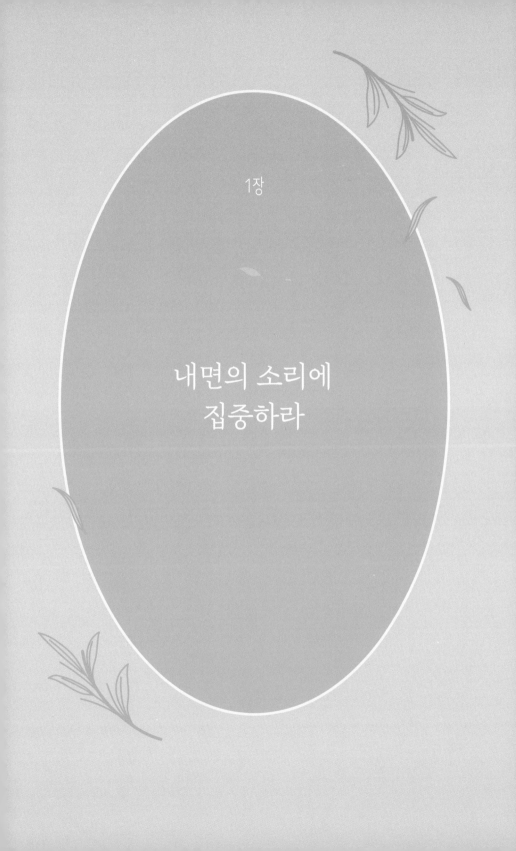

1장

내면의 소리에
집중하라

진정한 나를
만나는 시간

　삶은 언제나 속도에 휩싸여 있고, 관계의 복잡함은 종종 우리를 지치게 한다. 문명의 흐름은 끊임없이 우리를 재촉하며 앞으로 내몰고, 그 흐름이 막히거나 끊길 때마다 내 마음은 흔들린다. 그럴 때 나는 숲을 떠올린다. 속도와 소음으로 가득 찬 세상을 잠시 뒤로하고, 거대한 나무와 잔잔한 자연이 품고 있는 오대산 월정사로 향한다. 오대산 천년의 숲은 나에게 쉼과 위안을 주는 장소다.

　3월 중순, 설원 속에서 만난 월정사는 첫인사로 반짝이는 눈꽃을 건넸다. 하얀 눈꽃은 차가운 듯하지만 묘하게 따뜻한 위로를 품고 있었다. 그 반짝임은 단순히 자연의 경이로움을 넘어, 내 마음 깊은 곳에 닿아 있었다. 발걸음을 멈추게 하는 그 순백의 풍경은 마음속에 묵혀 둔 매듭을 조심스럽게 풀어내고 있었다. 맑고 깨끗한 하얀 풍경이 어두운 마음을 말없이 씻어 내며, 나도 모르게 입가에 미소가 번졌다.

'숲속에서 걷는 것은 나와 마주하는 시간이다.' 존 뮤의 말처럼, 숲속을 걷다 보면 나무들의 속삭임, 바람의 노래, 발걸음이 내는 소리가 자연과 나의 경계를 허물며 대화를 시작하게 한다. 전나무 숲에 발을 디딜 때마다 느껴지는 것은, 긴 세월을 묵묵히 견뎌 온 존재들의 깊고 묵직한 숨결이었다. 거대한 나무들이 품고 있는 오래된 시간은 마치 지나온 세월의 이야기들을 고요히 들려주는 듯했다. 바람이 스치는 가지의 흔들림조차 나지막이 속삭이는 것 같아 발걸음마저 조심스러워졌다.

숲의 한가운데, 오래된 할아버지 전나무 앞에 섰다. 그 웅장함 앞에서 두 손을 모아 고개를 숙이며 속삭였다. "정심 나무, 왔습니다." 마음을 담아 건넨 인사에 숲과 나무가 조용히 나를 안아 주는 듯한 느낌이 들었다. 전나무의 뿌리처럼 단단하고, 가지처럼 자유롭게 뻗어 나가는 생명력이 내 안으로 흘러들며, 숲의 시간이 나와 하나가 되는 상쾌함을 전해 주었다.

발밑의 눈밭은 걸음을 내디딜 때마다 '뽀드득' 소리를 냈다. 그 소리는 내 존재를 확인해 주는 듯했다. 눈 위에 남겨지는 발자국은 마치 내 마음의 보드라운 여백에 남겨지는 선명한 흔적처럼 느껴졌다.

'당신이 걷는 모든 길은 당신이 발걸음을 내디딜 때마다 새로운 시작이 된다.' 조셉 캠벨의 말처럼, 발걸음 하나하나가 새로운 경험과 선택 그리고 새로운 방향을 열어 주는 출발점이 된다. 그 한 걸음은 그냥 움직임이 아니라, 가능성과 기대를 품은 소중한 시작으로 나를 이끌 것이다.

대청마루에 앉아 바라본 기왓장 지붕 위의 눈은 녹아내리며 작은 물방울을 만들어 냈다. '똑, 똑, 똑' 소리는 봄이 가까워졌음을 속삭이는 듯했다. 겨울의 차가운 마음이 서서히 녹아내리며 따스함을 되찾는 순간, 물방울 하나하나가 마치 오래된 상처를 어루만지는 듯한 느낌을 주었다. 그 작고 섬세한 소리가 내 마음에 깊이 스며들어 차갑고 무거웠던 마음에 봄을 불러오는 듯했다.

물방울이 바위를 뚫듯, 조급한 마음을 내려놓고 다시 시작하는 마음으로 한 걸음씩 나아가다 보면, 작은 순간들이 모여 큰 변화를 만들어 갈 것이라는 희망이 피어난다. 작은 시작이 큰 내일로 이어질 것을 믿으며, 나는 오늘도 묵묵히 한 걸음을 내디딘다.

새벽의 월정사는 고요 속에서 서서히 깨어난다. 스님의 목탁 소리가 청아하게 울려 퍼지고, 9층 석탑의 풍경 소리가 그 뒤를 이어 바람을 타고 마음속 깊은 곳으로 스며든다. 그 소리는 내 안의 닫힌 문을 열어 주는 열쇠처럼 다가왔다. "청정한 마음으로 돌아가라."라는 듯한 메시지가 나를 감싸며, 나는 마음의 문을 여는 자유로움을 경험했다.

나는 지금까지 놓쳤던 많은 것들을 떠올렸다. 바쁘게 지나쳐 온 일상 속에서 마음의 문을 닫고 살았던 시간들, 그리고 그로 인해 진정한 나를 잊고 살았던 나날들. 이 고요한 순간 속에서 나는 다시 나를 찾았다.

살아온 시간 동안 쌓였던 마음속의 먼지를 털어 내고 나니, 마음의 여백이 넓어졌다. 넓은 공간 속에서 숨을 깊게 들이마시는 듯한 맑음이 밀려왔다. 자연과 쉼이 주는 에너지는 내면을 정화하고, 새로운 시작을 향한 용기를 불어넣어 주었다. 나는 그 용기와 함께, 마음속에 담겨 있던 의문과 두려움을 하나씩 풀어 가며 새로운 길을 걸어갈 준비가 되어 있었다.

월정사의 숲에서 머문 시간은 짧았지만, 그날의 울림은 내 안에 오래도록 남아 여운을 남긴다. 바람에 실려 온 풍경 소리와 설원 위에 남겨진 발자국을 따라 걷던 순간들을 내 마음속 책장에 소중한 한 페이지로 고이 담아본다.

월정사는 나에게 다시 일러 주었다.

"쉼은 결코 사치가 아니라, 필요한 것이라는 진리를."

나의 어록

삶의 속도와 방향에 집중하다 보면 우리는 피로를 느낀다. 그럴 때 잠시 멈춰 자연과 조화를 이루며 나 자신을 만나고, 쉼의 가치를 통해 충전의 시간을 가져 보자.

오로지,
오늘을 위한 삶을 맞이하다

이른 새벽, 창문 사이로 스며든 바람이 맑은 향기를 전하며 코끝을 살며시 스친다. 태양이 떠오르기 전의 어슴푸레한 기운이 세상을 감싸고, 아직 잠든 세상은 고요 속에 잠겨 있다. 태양은 내가 잠에서 깨어나는 모습을 보지 못했다. 내가 먼저 태양을 맞이하기 위해 기다리고 있었기 때문이다.

몸이 서서히 깨어나며 부교감 신경이 교감 신경으로 전환되기 시작한다. 고요하고 차분한 호흡으로 나를 지켜 온 부교감 신경은 이제 하루의 시작을 위해 자리를 내어 준다. 새로운 오늘을 맞이하는 이 시간은 단순히 하루를 여는 것이 아니라, 나 자신과의 대화를 나누며 마음을 충전하는 소중한 순간임을 깨닫는다.

교감 신경은 아직 완전히 깨어나지 않은 신경계를 배려하듯 조심스럽게 복부 호흡으로 몸을 깨우며, 태양의 시간을 알린다. 나는 자리에 앉아 눈을 가볍게 감고 얼굴을 감싸고 있는 근육과 신경계에 차분하고 이완된 상태를 유지하라고 전한다. 목등뼈 1번(아틀라스)을 편안하게 지탱할 수 있도록 좌골로 앉아 골반을 세워 가부좌 자세를 취한다. 어깨는 가볍게 힘을 빼고 자연스럽게 떨구며, 이완된 상태에서도 바른 자세를 인지한다.

오늘을 맞이한 내 몸의 에너지에 감사의 마음을 내면으로 전한 뒤, 오늘 수행해야 할 과정을 선명한 이미지로 떠올려 본다. 그리고 그 과정에서 몰입하라는 신호를 의식에게 보낸다. 마치 높은 곳에 안테나를 세운 듯, 의식은 오로지 오늘을 위해 모든 주의를 집중한다. 이제 내면의 길을 떠나기 위해 자율 신경계의 호흡에 집중하며, 고요한 에너지 층을 향한 길을 떠난다.

잠시 후, 고요하고 편안했던 에너지 층 안에서 오래전에 묻어 두었던 감정의 보따리가 조용히 풀어져 자리를 채우기 시작한다. 탁한 에너지가 찰나(약 0.013초)의 속도로 과거의 좋지 않았던 기억을 자극하며 감정선을 흔든다. 서운함, 억울함, 불쾌함, 짜증이 말에 가시를 달고 다시 고개를 든다. 그 감정들은 내가 피하려 했던 아픈 순간들을 떠올리게 한다.

그동안 나는 이런 감정들을 생각의 전환이라는 처방으로 덮으며 아픔을 잠재우려 애썼지만, 마음 깊숙이 완전히 치유되지 못한 잔재들은 늘 그 자리에 있었다. 언젠가 다시 찾아올 기회를 기다리고 있었다. 그리고 지금, 그 틈을 타고 내 마음을 혼란으로 물들이기 시작했다.

나는 어느새 그 보따리 속으로 빨려 들어가 허우적거리며 다른 섹터로 정신이 넘어가 있는 나를 발견한다. 그 순간, 내 의식은 빠르게 현재로 돌아오라는 신호를 보내고, 낚싯대로 나를 힘껏 끌어 올리듯 다시 중심을 잡아 현재의 자리로 돌아온다.

현재의 에너지 층은 내 감각기관의 한계를 초월해 깊숙한 내면의 세계로 나를 이끈다. 그곳에서 내면의 핵은 빛을 반짝이며, 때론 오색으로 찬란히 빛난다. 말랑말랑하게 움직이는 생명력의 흐름은 내가 살아 있음을 강렬하게 느끼게 한다. 마치 우주의 별처럼 내 에너지가 반짝이며, 사라진 몸의 경계는 흩어지고 오직 에너지의 흐름만이 존재한다. 이 찬란한 순간은 몰입이 선사하는 가장 귀한 선물이다. 온몸의 신경계는 내면의 나와 만나는 이 신성한 시간을 방해하지 않는다. 오로지 하나 된 존재로서 그 자리에 있다.

의식이 허락한 몰입의 시간이 끝나면 몸과 정신이 이원화되어 집중이 흐트러진다. 그러면 내 마음에서 자동으로 떠오르는 한 장면에 집중해 본다. 오늘 해야 하는 일이 불쑥 떠오르고, 상상의 상황극이 머릿속에서 펼쳐진다. 나는 이 부질없는 생각들을 그리고 지우기를 반복하며, 무의미하게 시간과 에너지를 소모하고 있음을 느낀다.

그 모든 것을 관찰하는 '진짜 나'는 한 걸음 떨어져 그 장면을 지켜보며 깨어나야 한다고 속삭인다. 자각의 순간이 찾아오면, 나는 다시 정신을 차리고 현재로 돌아온다. 마음을 새롭게 정비하며 다시 몰입의 길을 떠난다. 수렴된 에너지로 가득 찬 몰입은 나에게 깊고 강한 내면의 힘을 부여해, 내가 가야 할 길을 흔들림 없이 나아가도록 돕는다.

나는 아직 내가 가야 할 목표의 에너지 층에 도달하지 못했다는 것을 느낀다. 다시 빛이 없는 깊은 어둠 속에서 흐름에 집중하며 나아간다. 갑자기 빛이 드러나는 오아시스를 만난다. 그 순간, 잠시 반짝이는 빛을 마주한다. 다시 어둠 속 터널의 흐름을 지나며 또 다른 오아시스를 만난다. 이렇게 반복되는 에너지의 깊은 층으로 몰입하다 보면, 어느 순간 넓고 광활하게 펼쳐진 밝은 파라다이스에 도달하게 된다.

내가 가진 에너지 한계 끝까지 오늘 나아간다. 오늘의 길은 그 지점까지 나아가는 여정이다. 그곳은 내면 깊숙이 숨겨진 신비로운 세계이다. 매일 새로운 감각과 변화를 경험하지만, 그곳은 진정한 영혼의 자리가 아니라 일어나는 하나의 현상일 뿐이다. 이 깊고도 무한한 내면의 공간에서 변화와 성장의 흐름을 느끼는 것, 그것이 평온하고 지속적인 삶의 진정한 힘이 된다.

2차원적으로 드러난 현실은 누구나 쉽게 보고 인지할 수 있지만, 보이지 않는 시공간의 에너지 층은 직접 경험하지 않으면 그 정체를 알 수 없는 미지의 세계이다. 그 공간에서는 유연성이 깊어지고 맑음이 확장되는 변화를 느낄 수 있다.

오늘의 나를 마주하며, 바람의 에너지로 가벼워진 몸과 사랑의 에너지로 충만해진 황홀한 마음이 나의 존재를 선명히 느끼게 한다. 온몸에 흐르는 촉촉한 물의 에너지와 살아 있음을 실감하게 하는 따스한 불의 에너지가 조화를 이루며 하나가 된다. 어제의 묵은 찌꺼기가 흘러 나간 자리에는 새로운 공간이 확장되고, 그 비워진 공간 사이로 나만의 향기가 피어난다.

나는 신비주의자도, 깨달음을 얻은 자도, 해탈한 자도 아니다. 단지 오로지, 오늘을 위해 행하는 '나'만 존재할 뿐이다. 어제의 나는 이미 어제의 시간 속에 묻혔고, 그 에너지들은 내 몸의 에너지 층에 코드처럼 연결되어 있다. 어제에서 오늘로 건너온 나는 오늘을 위해 존재한다.

오로지, 오늘을 위한 삶으로의 길을 떠난다.

나의 어록

어제의 감정을 오늘로 소환하지 않는 삶을 살아야 한다. 오늘의 삶을 놓치면 우리는 죽은 시간을 보낸 것이다. 우리에게 주어진 '지금', '오늘'만을 위한 삶을 살자.

행복에는
소리가 없다

　9월 중순, 가을 들녘이 황금빛으로 물들어 간다. 따스한 햇볕을 머금은 이삭은 생명을 불어넣은 듯 반짝이며, 바람은 고요히 불어와 황금빛 물결을 일으킨다. 그 속에서 자연의 숨결이 스며든다. 곡식은 무르익어 결실을 준비하지만, 여름의 무더위는 여전히 기세를 떨치며 뜨거운 햇살로 대지를 목마르게 한다. 계절의 흐름 속에서, 여름이 한창일지라도 우리는 자연의 순환을 통해 다가오는 가을을 느낀다. 절기와 절기의 리듬은 소리 없이 자연스럽게 이어지고 있다. 소란스러운 봄을 지나 열정적인 여름을 거쳐 차분한 가을로 무르익어 가는 벼는, 거침없이 흐르는 자연의 리듬 속에서 결실을 거두어 가고 있다. 그 잔잔한 모습은 평온함을 전해 준다. 만약 거친 비바람이 한 번이라도 지나갔다면, 저 벼가 지금처럼 바른 자세와 고운 빛깔을 가질 수 있었을까? 저 벼는 지금 행복할까?

스즈키 순류[1]의 『선심초심』을 떠올리니, 그의 가르침이 담긴 평범한 일상의 의미가 깊이 다가온다. 삶의 특별한 사건이나 성취보다, 오히려 평범한 일상이 쌓여 가는 움직임과 그 흐름 속에서 진정한 가치를 발견하는 것이 더 소중하다는 그의 메시지는 일상에 대한 새로운 통찰을 열어 준다. 스즈키 순류 선사는 걸림 없는 평온한 마음이야말로 행복의 본질이라 하며, 지속해서 그런 평온함을 유지하는 것이야말로 복을 넘어선 '지복'의 경지라고 이야기한다. 이 가르침을 되새기며 사색에 잠기는 순간, 내면의 고요함이 찾아오고, 일상의 작은 순간들이 더없이 충만하게 느껴진다.

순수하고 청명한 물과 바람은 그 자체로 소리 없이 고요하고 평온하다. 물이 돌과 부딪치며 내는 물소리나 바람이 나뭇가지와 스치며 만들어 내는 바람 소리처럼, 순수 그 자체는 고요하고 어떠한 외부 자극도 없는 그 존재만으로는 소리가 없다. 이것이 마치 우리의 내면과 같다. 우리의 몸과 마음도 비슷한 원리로 작용한다. 혈액과 기가 걸림 없이 흐르면 우리는 건강하고 평화롭다. 그러나 그 흐름에 장애물이 생기면 통증이 나타나고, 그 통증은 감정의 파동을 일으켜 마음을 불편하게 만든다. 순수함은 그 자체로는 아무런 소리도 없으며, 외부의 영향을 통해서만 소리가 생긴다. 마음도 내면의 순수함과 평화가 흐를 때, 편안함을 느낀다. 외부의 자극 때문에 감정의 소리가 생기기도 한다. 결국, 마음을 고요하게 하고, 내면의 흐름을 그대로 둔다면, 그 소음도 자연스럽게 사라지고 평온함만 남을 것이다.

1   일본 정통 선불교 지도자

『선심초심』을 통해 스즈키 순류 선사의 가르침을 되새기며, 나도 내면의 움직임을 알아차리는 태도를 가지고자 노력하고 있다. 선사가 말하는 '평온함 속의 깨달음'을 실천하기 위해, 감정의 흐름과 내면의 작은 움직임을 자각하며 마음을 바라보는 연습을 하고 있다. 순간순간 스쳐 지나가는 생각과 감정의 파동을 멈추지 않고 지켜보는 이 연습은 내 안에 숨겨진 소리를 듣는 과정이다.

며칠 전 회사에서 '내 마음 들여다보기'라는 뜻깊은 경험을 했다. 나는 회사에서 중요한 책임을 맡은 만큼, 업무에 대한 주변의 평가나 속삭임이 예민하게 들릴 때가 있다. 얼마 전, 나의 사수와 경영진이 내 업무에 관해 이야기하는 소리가 내 귀에 들려왔다. 그 내용은 절대 유쾌하지 않았다.

당시 나는 대표에게 보고할 중요한 업무를 맡고 있었으나, 긴 연휴로 인해 마무리하지 못한 상태였다. 그런데 사수는 내가 끝내지 못한 업무를 자신이 연휴 동안 마무리했다는 내용을 경영진에게 간접적으로 언급하며, 자신이 준비한 자료로 보고를 진행하자는 속삭임이 들렸다. 그 의도가 나를 배려하기 위한 것이었는지, 아니면 자신의 성과를 강조하기 위한 것이었는지 알 수 없었다.

고유 감각이 자존심에 상처를 주는 불편함을 느끼게 했다. 평소에도 사수와는 업무 때문에 자주 부딪치는 사이였다. 대부분의 일을 내가 처리하는데, 공은 사수가 가져가는 모습이 반복되면서 그에 대한 감정이 마음속에 깊이 각인된 상태였다. 만약 그가 조금이라도 나를 배려하는 상황을 설명했다면 충분히 이해할 수도 있었겠지만, 중요하지 않은 내용을 귓속말로 속삭이며 행동하는 모습을 보니 안쓰러우면서도 화가 치밀어 올랐다.

그저 못 들은 척하며 내 업무에 집중했지만, 이미 내 마음에 꽂힌 화살은 머릿속을 복잡하게 만들었다. 얼굴은 붉게 물들고, 목덜미와 어깨는 딱딱하게 굳어 긴장감을 자아냈다. 마음속엔 빨간불이 켜진 듯 비상사태를 알렸지만, 마음과 정신은 따로 움직이며 엇박자를 냈다. 몸이 보내는 신호를 느끼며 '괜찮아. 그럴 수 있지!' 하고 나를 다독여 보았다. 그러다 문득 반대의 생각이 떠올랐다. '왜 내 업무를 가지고, 내 눈치를 보며 속삭여야 하지? 마치 내가 제대로 일을 하지 못하는 사람처럼.' 마음은 온탕과 냉탕을 오가며 요동쳤다. 깊은 호흡을 몇 차례 내쉬고 나니 문득, '쓸데없는 생각에 붙잡혀 있구나.' 하고 자각했다. 스스로 만든 덫 속에서 생각의 소용돌이에 휘말려 에너지를 낭비하고 있었다. 그때, 나는 용기를 내어 "무슨 일 있으세요?"라고 먼저 다가가거나, '내 일을 해결해줘서 고마운 일이야'하며 마음속으로 넉넉히 받아들였어야 했다. 하지만 그러지 못한 내 마음은 스스로 만든 덫에 갇혀 생각의 소용돌이에 휘말리며 에너지를 낭비하고 있었다. 만약 이런 생각에 계속 머물렀다면 상황은 더욱 복잡해지고, 내 마음은 어지러워졌을 것이다.

사실, 이런 태도는 내가 나에게 보이지 않는 에너지로 폭력을 가하는 것과 같다. 우리는 종종 보이지 않는 감정의 에너지에 휘둘리며 현실과 동떨어진 상태를 오가곤 한다. 자신의 한계를 설정하면, 생각만큼의 사람이 된다. 더 큰 변화와 가능성을 열기 위해서는 열린 마음과 유연한 사고가 필요하다. 불편한 감정의 흐름을 줄이고, 지금, 이 순간에 머무르며 내 감정의 움직임을 명확히 알아차리는 것이 무엇보다 중요하다. 인간은 살아 있는 유기체이다. 그 순간을 있는 그대로 인식하고 받아들이는 것, 그 자체가 삶의 깊은 의미를 담고 있다.

굳어 있던 자의식을 풀어내는 여정은 매 순간 깨어 있는 마음에서 시작된다. 딱딱함은 정체를, 유연한 것은 살아 있다는 말처럼, 우리의 삶도 부드럽고 유연한 태도를 지닐 때 진정한 생동감을 얻는다. 이 과정에서 나는 나를 시험대 위에 올려놓곤 한다. 그때마다 내가 어디에 있는지, 어떤 상태인지를 인지하려 애쓰며 자신을 바라보는 눈을 키운다. 때로는 생각이 급격히 흘러가거나, 간격이 길어져 멈추는 듯한 변화를 느낄 때도 있다. 그런 미세한 변화를 알아차릴 때, 나는 곡선의 마음으로 한 걸음씩 나아가고 있다는 것을 느낀다.

생각은 외부에서 오는 것이 아니라, 내면에서 일어나는 마음의 물결이다. 내 안에서 울려 퍼지는 작은 파동들이 내 생각을 만들어 낸다는 사실을 깨닫게 된다. 이 흐름을 자각하는 것이야말로 내가 나의 마음을 통제하고, 그 속에서 진정한 평온과 깨어 있음을 경험하는 과정임을 느낀다.

스즈키 순류 선사의 가르침처럼, 우리는 어떤 것에 의미를 부여하기보다는 그저 있는 그대로 바라보는 마음을 가져야 한다. 선은 튀어나옴이나 걸림 없이 흐름이 자연스러워야 하며, 이를 위해서는 매 순간 처음의 마음을 간직하는 것이 중요하다. 우리는 날마다 처음 맞이하는 마음으로, 처음 만나는 사람처럼, 처음 맞이하는 하루처럼 살아가야 한다. 배우려고 하는 사람은 없고 배우려고 하는 행위의 순간만이 있다.

구름 한 점 없는 파란 가을 하늘을 한 번 바라보자. '아! 맑고 깨끗한 하늘은 높고 넓다. 그 광활하고 맑은 하늘, 걸림 없는 저 하늘이 내 마음인가? 이 마음이 내 마음인가?'

마음도 마치 저 하늘처럼 넓고 투명하며, 어떤 걸림도 없이 자유로울 수 있음을 느낀다. 저 하늘의 끝없는 깊이처럼, 내 마음도 그 깊이를 알 수 없는 무한함을 품고 있다.

평온하고 행복한 마음에는 소리가 없다. 그저 흐름만 있을 뿐, 그 흐름 속에 선이 있다. 그 선을 따라 마음이 스며들고, 그저 존재하는 그 자체로 온전하다.

나의 어록

행복은 화려한 소리에서 오는 것이 아니라, 마음의 평온과 작은 순간들의 여백에서 피어난 미소의 파도이다.

관점의 전환,
용기를 디자인하다

『관점을 디자인하라』의 박용후 작가는 "지금까지의 삶과 다른 인생을 살고 싶다면, 그 해답은 '관점'에 있다."라고 말한다.

지금보다 더 나은 삶을 향한 열망이 솟아오를 때, 우리의 머릿속은 빠르게 움직이기 시작한다. 익숙하고 편안한 안전지대에 머무를 것인가, 아니면 과감하게 새로운 관점을 선택해 자신이 원하는 방향으로 성공의 관성을 만들어 갈 것인가? 때로는 비논리적이거나 비현실적으로 보이는 길일지라도, 진정으로 원하는 삶을 위해 그 방향으로 나아가야 할 순간이 있다.

나는 새로운 도전의 성공을 위한 관성을 단단히 굳히기 위해 '용기'를 품고 관점의 변화를 시작하려 한다. 이는 안전지대에서 벗어나 새로운 확장을 위해 꼭 필요한 마음의 도구이다. 성공적인 삶을 위해서는 목표가 필수적이다. 성공이란 무엇일까? 이는 지극히 주관적이다. 나 자신을 위한 것일 수도 있고, 더 큰 사회를 위한 것일 수도 있다. 중요한 것은 목표가 설정되어 있어야 방향을 잃지 않고 나아갈 수 있다는 점이다.

동물들은 태어날 때부터 자연스러운 방향 감각을 타고난다고 한다. 그러나 인간은 그런 감각 없이 태어나기에, 먼저 나만의 비전을 세우고 목표를 쏘아 올린 뒤, 이를 현실로 이루기 위한 단계적인 계획을 세워 선명한 등불을 밝히고 걸어가야 한다. 그래야 길을 잃지 않고 나아갈 방향을 따라가며, 현재에 집중할 수 있다. 그래야 나만의 길을 향해 걸어갈 수 있다. 우리는 목표가 이끄는 목적에 맞는 삶을 살아가며, 그 과정에서 비로소 진정한 살아 있음을 느낀다.

나는 새로운 길을 비추어 줄 빛과 용기를 찾기 위해 2023년 말, 정창영 선생님의 데스티니(운명) 강의를 도반들과 함께 들었다. 선생님을 만나기 전부터 나는 '운명'이라는 화두(話頭)를 두고 마음의 길을 찾고 있었다. '지구의 문을 열고 온 이유가 무엇일까?', '이곳에서 수행해야 할 나의 역할은 무엇일까?'라는 질문들이 끊임없이 떠올랐다. 이를 깊이 탐구하며 지관(止觀) 수행[2]의 시간을 보냈다.

보이지 않는 마음의 창살 속에 나를 가두고 끊임없이 질문을 던지던 중, 지인의 소개로 선생님과 인연이 닿게 되었다. 도반들과 함께 선생님을 중심으로 24시간 동안 밤을 지새우며 그분의 말씀에 귀를 기울였다. 선생님은 흐트러짐 없는 자세와 조용한 힘이 담긴 목소리로 자리를 지키며 긴 시간 동안 깊이 있는 통찰과 맑은 내공에서 우러나오는 에너지로 우리에게

2   멈추고 곰곰이 생각하여 관찰하는 수행법

배움을 주셨다.

다른 사람들의 데스티니 이야기와 선생님의 해석은 마치 한 편의 드라마를 연출하는 듯했다. 연출자와 주인공만 존재하는 무대 위에서 우리는 관람객이 되어 그 무대를 바라보아야 했다. 주인공의 역할과 운명에 관한 이야기를 연출자에게 듣는 것은 결말이 정해진 이야기의 전개가 아니었다. 연출자는 주인공이 사신의 역할에 충실할 수 있도록 교정과 이해를 도우며, 역할을 잘 해낼 수 있도록 지도하는 분위기였다.

그 무대는 나에게 매우 신기하고 흥미로웠다. 마치 내 삶이 그 무대에 투영되는 듯한 느낌이었다. 나도 그 무대의 주인공으로서 내 역할을 잘 마무리하고 싶다는 열정이 마음속 깊이 솟았다.

나는 그들의 이야기에 매료된 채 긴 밤이 깊어지는 줄 모르고 시간을 보냈다. 하지만 밤이 점점 깊어질수록, 생각의 한계를 느낀 몸과 마음에 피로감이 밀려왔다. 지루함이 조금씩 고개를 들 무렵, 마침내 내 차례가 되었다.

선생님이 나의 데스티니를 해석하기 위해 준비하는 순간, 나는 긴장과 기대가 섞인 마음으로 자신을 깨우며 내면 깊이 잠겨 있던 문을 활짝 열었다. 내 데스티니의 제목은 'Articulation(명료화)'였다. 선생님이 건네주신 용지에는 영어로 작성된 설명 문구들이 나열되어 있었지만, 긴장감과 혼란 속에서 문구들이 눈앞에서 희미하게 흩어지는 듯해 제대로 해석되지 않았다.

선생님은 한 문장씩 차근차근 구체적인 예를 들어 설명하며 나를 이끌었다. 그 이야기를 들으며 혼란스러웠던 머릿속이 서서히 맑아지기 시작했다. 선생님의 해석은 단순한 설명을 넘어, 마치 나의 깊은 내면과 연결된 언어처럼 느껴졌다. 단어 하나하나가 내 안의 감정과 생각 속으로 스며들어 새로운 길을 열어 주었고, 내면의 모호함이 서서히 걷히며 명료함이 자리 잡아 가는 것을 느낄 수 있었다.

선생님은 말씀 도중 나에게 질문을 던졌다.

"어떤 삶을 살고 싶습니까?"

"선생님! 저는 무엇을 하기 위해 바쁘게 살아가기보다는, 마음공부를 하며 조용히 내면에 집중하며 살고 싶습니다."

그러자 선생님은 작게 뜨셨던 눈을 동그랗게 뜨며 놀란 듯한 표정으로 나를 바라보며 말했다.

"아니! 삶을 펼쳐 본 적이 있어요? 그 삶은 저 같은 사람이 살아야 하는 삶입니다. 그것은 도피하려는 마음이지요. 두려움을 극복하고 지금 생각하고 있는 목표를 향해 나아가도록 노력하세요."

선생님의 말씀을 곰곰이 되새기며 문득 이런 생각들이 들었다. '그래! 정말 내가 진심으로 하고 싶은 것을 제대로 펼쳐는 보았는가?' 이 질문은 마치 깊은 우물 속에서 퍼 올려진 한 방울의 물처럼, 내 안에 잠들어 있던 의문과 고민을 일깨웠다. 내가 살아오며 했던 선택들이 과연 진정한 열망에서 비롯된 것이었는지, 아니면 실패와 두려움을 피하려는 핑계였는지 되짚어 보게 되었다.

그동안 나는 원하는 삶을 꿈꾸면서도 한편으로는 현실의 벽에 부딪힐까 두려워 발걸음을 멈췄던 적이 많았다. 내가 진정으로 하고 싶었던 일들이 있었지만, 그것을 향해 온전히 뛰어들 용기를 낸 적이 있었는가? 선생님의 질문은 나를 정면으로 마주하게 했다. 이 질문은 단순히 지나가는 생각이 아니라, 내 삶의 방향을 다시 정의하게 만드는 깊은 물음이었다.

선생님의 말씀을 통해, 나를 가로막고 있던 두려움과 안일함을 직면할 수 있었다. 마음속에 품고만 있던 꿈과 열정을 이제는 행동으로 옮겨야 할 때임을 절실히 느꼈다. 현실의 안전지대에 머물며 머릿속으로 쌓아 올린 성이 아닌, 진정 내가 원하는 삶을 향해 한 걸음씩 나아가기로 했다. 비록 불안과 두려움이 나를 계속 흔들 수 있겠지만, 선명한 목표가 설정된다면 그 어떤 장애물도 넘을 힘이 솟을 것이다.

조앤 롤링의 말처럼 '우리가 할 수 있는 가장 큰 일은 자신이 원하는 삶을 살기 위해 용기를 내는 것'이라는 진리를 마음에 새기며, 나는 꿈을 향한 여정에서 '용기'라는 불이 꺼지지 않도록 매 순간 행동으로 가치를 실천하기로 했다.

사람은 안전지대에서 벗어나 끊임없이 진화하는 삶을 통해 성장과 행복을 느낀다. 성장하는 과정에서는 반드시 통증과 자극이 따르며, 이러한 통증은 내가 반드시 넘어야 할 임계점이다. 그것은 지금 내가 잘하고 있다는 증거가 된다.

나는 그 통증이 성장 과정의 일부임을 받아들이고, 데스티니의 명료함이 더욱 뚜렷해질 것이라는 확고한 믿음을 갖는다.

꿈을 향해 도전하는 일은 자신이 가진 지식과 생각의 한계를 넘어 새로운 세계로 건너가는 일이다. 그 과정에서 필요한 것은 바로 '용기'이다.

마음의 창을 여는
글쓰기

　내 오른쪽 가운뎃손가락 두 번째 마디에는 굳은살이 박여 있다. 오랜 시간 글쓰기를 해 온 습관의 흔적이다. 중학교 2학년 때 아버지가 돌아가시고 난 후, 공부해야겠다는 불타는 의지가 내 인생의 전환점이 되었다. 주입식 교육 환경에서 가장 효과적인 방법은 무조건 필기하며 외우는 것이었다. 성적은 연습장의 두께에 따라 결정된다는 속설도 있었다. 그래서 종이와 펜은 항상 내 곁에 있었고, 그때부터 메모하는 습관이 생겼다. 전화를 받거나 사람들과 이야기를 나누는 중에도 내 손은 자동으로 뇌에서 떠오르는 언어를 끄적였다.

　회사 생활 30년 동안 메모한 노트를 보면 스치고 지나간 그때의 나를 회상할 수 있다. 옛 추억을 소환해 과거의 나를 만날 때면, '아! 그때 내가 그랬구나!'라는 생각과 함께 흐뭇한 미소가 입가에 번진다.

　버지니아 울프가 말했듯이,

'여성은 자기 생각을 적기 위해 방 안에 들어가야 한다.'

나의 글쓰기 역시 내 방의 불을 켜고 생각을 정리하는 메모 습관에서 시작되었다. 이렇게 시작된 습관은 성장하는 나의 삶을 담을 수 있는 그릇이 되었다. '글쓰기는 나를 치유하는 것이다.'라는 말처럼, 나는 글을 통해 다양한 삶의 맛을 느끼고 나 자신을 치유하기도 한다. 글쓰기는 나에게 단순한 기록을 넘어, 내 생각과 감정을 정리하고, 새로운 시각을 발견할 수 있게 해 준다.

글쓰기는 과거의 경험과 현재의 나를 연결하는 다리 역할을 해 주며, 나의 친구가 되어 준다. 나와의 대화 속에서 숨겨진 독백의 시간을 가지게 한다. 아무도 듣지 않는 내면의 방 안에서 솔직하게 꺼내는 말들이 모여 나의 진짜 얼굴을 비춘다.

사람들과 있을 때는 쉽게 말하지 못했던 속마음을 글 속에 하나하나 담아 낸다. 때로는 나를 위로하고, 가끔은 가혹한 반성으로 돌아오기도 한다. 친구와 대화하듯 솔직히 고백하는 이 시간이 나의 마음을 비춰, 내가 누구인지 조금 더 이해하게 해 준다. 온전히 나의 시선으로 써 내려가는 이 독백의 시간에 글쓰기라는 친구가 있어서 좋다.

글을 통해 나와 대화하며 마음속 질문에 대한 답을 찾기도 한다. '왜?'라는 질문을 던질 때, 그 속에서 작은 해답을 찾는다. 다른 이에게 속마음을 털어놓으면 그들이 경청만 해 줄 뿐, 내 상황을 완전히 이해하기는 어렵다. 그들이 주는 해답은 나에게 맞지 않는 경우가 많다. 각자의 세계관과 우주관이 다르기 때문이다. 글쓰기를 하면 혼자 있는 시간이 더 이상 외롭지 않게 느껴진다. 내 안의 갈등과 고민을 마음의 핵 속에 깊이 담아 본다. 흑과 백의 관점에서 훈수를 두듯 내면 대화의 가지를 뻗어 가다 보면, 복잡했던 감정들이 점차 정리되고 증류되어 깊은 자아 속에서 남는 것들이 드러난다.

그때 하나씩 순서대로 나열하고 선택의 여지를 두며 결정하면 된다. 스스로 담구하고 방법을 그려 나갈 때, 높은 행복 수치를 느끼게 된다. 마치 나무가 뿌리를 깊이 내리고 가지를 뻗어 나가는 것처럼 내 감정과 생각이 명확해지고 확장되었다. 그 순간, '아! 내가 남에게 말하지 않고 참길 잘했구나!'라는 대견한 마음이 인내심을 키운다. 해답이 맴도는 문제에 대해서는 3인칭 관점에서 나를 분리하여 바라보며 객관적으로 사고할 수 있는 마음의 근력도 기른다.

글쓰기는 내 마음의 화를 가라앉히는 강력한 도구가 되어 준다. 회사에서 대표나 동료, 또는 거래처 사람들로부터 강압적인 스트레스를 받을 때면, 내 안에 쌓인 짜증과 분노가 현재를 가로막는다. 이런 감정을 해소하기 위해 나는 글로 감정을 풀어낸다.

피카소의 말처럼, '모든 아이는 예술가다. 문제는 어떻게 성인이 되는가이다'. 나의 감정을 예술적으로 표현할 수 있는 수단이 글쓰기이며, 이를 통해 성숙한 어른의 태도를 만들어 가는 과정 또한 글쓰기이다.

거친 숨소리와 함께 볼펜을 손에 쥐고 책상 위에 펼쳐진 용지에 마구 욕설을 쏟아 내면 칼끝처럼 날카로운 감정이 드러난다. 낙서처럼 흩어져 있는 알아보기 힘든 형체의 글자들은 마치 내 안에 얽힌 복잡한 감정을 그대로 비추는 거울 같다. 거칠게 내쉬는 숨은 현재 내 마음 상태를 알리는 메시지이다. 이때 나는 깊은숨을 들이마시고 천천히 내쉬며 감정 일지를 써 내려간다. 글을 써 내려갈수록 문제의 발생 원인과 결과를 분석하며 이성적인 시선을 갖게 된다. 이를 통해 내 안의 혼란이 정리되고, 마치 폭풍이 지나간 뒤의 고요한 바다처럼 마음의 평화를 되찾는 시간이 찾아온다. 나는 스스로 감정을 통제하고 조절하는 능력을 키워 간다. 글쓰기는 결국 내 감정을 다루는 중요한 도구가 되어, 혼란 속에서도 나를 다시 찾는 길이 된다.

이런 경험은 '이 또한 지나가면 아무것도 아니구나!'라는 생각을 통해 미운 감정을 내려놓을 여유를 준다. 사람을 향한 감정이 엉켜 버겁게 느껴질 때도, 이런 깨달음은 상대방을 있는 그대로 바라볼 수 있는 용기를 선사한다. 내가 겪는 갈등과 고민을 외부의 시선이 아닌 내면의 목소리로 이해하게 되면서, 감정의 기복을 더 잘 조절할 수 있게 되었다. 나 자신을 한 발짝 물러나서 바라보면 감정에 휘둘리지 않고 차분하게 상황을 분석할 힘이 생긴다.

글쓰기는 나에게 독서의 연장선이 된다. 책을 읽고 독서록을 쓰는 과정에서 나만의 언어를 형성하여 나를 성장시키는 인생의 어록과 지침서가 될 만한 글귀들이 탄생한다. 이러한 언어들의 모음은 인생의 길을 헤매고 있을 때 나를 비추는 빛이 된다. 살다 보면 때로는 생각에 갇혀 그 자리를 맴

돌 때가 많다. 이럴 때 생각의 전환이 필요하다. 기록해 둔 글 모음집을 보면서 마음의 확장과 사고의 깊이를 점검하고, 새로운 동기부여를 얻는다.

책에서 접한 다양한 이야기와 사건들은 간접 경험으로 내 삶을 풍부하게 하고, 지식을 지성으로 연결해 준다. 나는 전체성을 보는 힘을 기르고, 한정성을 벗어난 다양한 경험을 통해 세상을 이해하게 된다. 자유 의지로 나아갈 때, 우리는 스스로 삶의 방향을 선택하고 변화의 길로 들어선다. 그 과정에서 성장형 마인드는 과거의 고정된 사고를 내려놓고 새로운 가능성을 받아들일 수 있도록 마음을 리셋하는 기회를 준다.

결국, 글쓰기는 마음 치유의 특효약이다. 글을 쓰는 과정은 내면의 아픈 상처를 다독이는 치유의 시간이자, 맑고 가벼운 에너지로 삶을 밝게 나아가게 한다. 불필요한 감정 찌꺼기를 비워 내면, 진정한 행복이 내면에 자리 잡는다. 나의 고유한 이야기를 담은 역사책이 한 페이지씩 기록될 때마다 새로운 나를 발견한다. 글쓰기는 불완전한 나를 완전하게 다듬어 가는 마음의 창이자, 나를 돌아보며 성장할 수 있게 하는 소중한 통로다.

손은 제2의 두뇌다. 내 생각과 전하고자 하는 말을 손이라는 도구를 통해 텍스트로 표현하며 현재의 나를 만나게 한다. 활발한 두뇌의 움직임과 문제 파악을 가능하게 하는 글쓰기는 나의 현 위치를 정확하게 인식할 수 있게 해 준다.

오감을 넘는 직감과 마음, 육체의 정화는 세상을 바라보는 시선과 자기 성찰로 이어져 의미 있는 삶을 대하는 태도를 형성한다. 이를 통해 사람과의 관계를 강화한다. 감각기관이 주는 쾌락의 일시적인 즐거움에 머물지 않고, 올바른 마음가짐과 성숙한 사고로 나아가는 본성의 만족을 위해 오늘도 나는 글을 쓴다.

나의 어록

글쓰기는 복잡하고 어지러운 마음을 정리하고 해결하는 가장 좋은 방법이다. 나를 이해하고 다른 사람의 마음을 연결하는 길이다.

요가는
움직이는 명상이다

아쉬탕가 요가 수업이 있는 화요일 저녁은 나에게 특별한 의미를 지닌다. 주중 단 한 번의 수업이기 때문이다. 그 시간이 되면, 내 몸과 마음에서 흥분의 호르몬이 흐르는 것을 느끼며, 긴장 속에서 가벼운 활력과 에너지가 퍼져 나간다. 자연스럽게 하나의 흐름 속에 몸과 마음이 동기화되는 기분이 든다. 오후 7시부터 8시 20분까지 이어지는 1시간 20분은 몸과 마음 그리고 정신을 정비하는 수련의 시간이다. 이 시간은 내적 자아를 탐구하며 내가 가진 자원과 깊이 연결되어, 나만의 내면 여행을 떠나는 특별한 순간이다.

아쉬탕가 요가는 신체의 움직임을 통해 감각을 제어하여 고유한 에너지로 움직이는 명상이다. 정해진 동작 순서를 익히고 체득해야만, 그 흐름 속에서 흔들림 없이 차분하게 나아갈 수 있다. 이 과정은 기억에 의존하는 것을 넘어 내면의 집중을 요구하며, 몸과 정신이 완전한 조화를 이루는 집중의 수행이다. 요가는 단순한 스트레칭의 운동이 아니다. 요가는 몸과 정신을 수행하는 방법의 하나다.

특히 횡격막 호흡은 이 여정을 더욱 특별하게 만든다. 이 호흡은 강력한 집중을 도와주며, 의식을 자각하게 하는 에너지로 작용한다. 동작과 동작을 이어 주는 순간을 섬세히 관찰하도록 이끄는 힘이다. 처음과 마지막 동작을 연결하며, 나 자신을 깊이 들여다보게 하는 강력한 에너지이다. 전체 흐름을 통찰하며 진행되는 이 과정은 행위에 머무르지 않고, 나의 태도와 생각에 깊이를 더하며 직관으로 나아가게 한다. 힘들고 귀찮은 마음을 넘어서는 과정을 통해 변화하는 자신을 발견한 순간부터, 요가는 내 인생을 바꾸는 중요한 도구로 자리 잡았다. 화요일 저녁마다 찾아오는 이 특별한 시간이 다가올 때면, 이를 행할 수 있어서 감사한 마음이 가득해진다.

며칠 전 화요일에 회사에서 중요한 일이 발생했다. 중요한 일은 늘 예고 없이 찾아와 나를 당황하게 하곤 한다.

"하필이면 화요일…."

일주일에 한 번, 무엇보다 우선시하는 아쉬탕가 수업을 놓칠지도 모른다는 생각이 들면서 초조와 불안감이 밀려왔다.

"워~ 워~ 워~"라고 중얼거리며 피할 수 없는 상황을 담담히 받아들이고, 마음을 차분히 가라앉혔다. 나는 한눈팔지 않고 온 마음과 정신을 집중하여 퇴근 시간 안에 일을 끝내겠다는 각오로 전력을 다했다. 완벽히 집중하여 일을 수행하는 데에는 많은 시간이 필요하지 않았다. 완벽한 일을 이루기 위해 오랜 시간 모든 에너지를 긴장 속에 몰입하다 보니, 근육은 생존을 위해 긴장으로 수축해 있었다. 하나를 얻으면 하나를 내어 줘야 하는, 그런 하루였다. 비록 퇴근 시간을 조금 넘긴 아쉬운 마무리가 되었지만, 그 집 중 덕분에 많은 일을 정확하고 밀도 있게 처리할 수 있었다. '오! 나에게 이런 능력이 있다니!' 스스로 대견함을 느꼈다. 이런 예기치 못한 경험은 내가 성장하고 있음을 확인시켜 주기도 한다. 오랜 시간 현재에 집중하는 마음을 훈련해 온 결과의 빛이었다.

일을 마무리한 안도감에서 교차하던 마음도 잠시, 급행열차를 타고 요가 시간에 맞춰 가야 한다는 생각에 심장이 쿵쾅거리기 시작했다. 나의 애마는 내 기분을 눈치챈 듯, 삐걱거림 없이 평소보다 빠르게 집에 도착하게 해주었다. 집에 도착하자마자, 멀리 있는 소파에 가방을 던지고, 입었던 옷은 뱀이 허물을 벗듯 내팽개치며 요가 옷으로 변신했다.

휴식도 잠시, 나의 애마는 강하게 가속 페달을 밟고 멈추기를 반복하며 나를 목적지로 순조롭게 이끌었다. 최선을 다해 임무를 수행한 애마는 요가 시간에 늦지 않게 도착하게 해 주었다. 이런 긴박한 순간에도 불구하고, 요가 수업에 늦지 않게 도착할 수 있어 마음이 놓였다.

일상 속 작은 갈등과 긴장에 휩싸여 행위에 집중하지 못했다면, 해야 할 일을 하지 못한 채 마음만 속상해하고 거친 감정이 쌓여 지친 시간을 보냈을지도 모른다. 요가를 통해 얻는 집중과 평온함 덕분에 마음을 다스리고 일상 속에서도 차분함과 힘을 되찾을 수 있었다.

침착한 마음으로 요가 센터에 도착하자, 나는 허둥거리지 않고 내 자리에 서서 뛰는 심장에 집중하며 잠시 숨을 골랐다. 눈을 감고 일상의 분주함에서 벗어나 내 마음을 더욱 깊게 가라앉혔다. 나는 나를 정화할 준비를 했다. 배고픔도 잊고, 내가 서 있는 공간과 에너지에 집중했다. 정확한 시간에 요가 수업이 시작되었고, 프라이머리 A 동작으로부터 내 안에 맑고 밝은 빛이 조금씩 채워지기 시작했다. 이 빛은 내 내면을 비추며 떠오르는 잡념을 흘려보내고, 쌓여 있던 스트레스를 깨끗이 씻어 낸다. 모든 것이 조화를 이루며 나 자신을 온전히 받아들이는 시간이 시작되었다. 마음에 담긴 불안과 무거운 감정을 몰아내고, 중력과 하나 된 듯 가벼운 마음은 맑고 반짝이는 빛으로 빛났다. 수축한 근육은 내가 나를 허락하는 순간부터 제자리로 가는 길을 찾으며 풀리는 것을 느꼈다. 손끝에서 발끝까지 전해지는 강한 에너지가 동작과 함께 어우러지고, 횡격막 호흡과 내 안의 빛이 하나 되어 나를 온전히 현재 순간에 집중하도록 이끌었다.

하루 동안 쌓였던 마음의 먼지를 털어 내는 정화의 시공간 속에서, 나는 깃털처럼 가벼워지는 몰입의 상태를 경험했다. 마음과 몸이 하나 되어 흘러가는 이 시간은 오직 선명한 나에게만 집중하는 평온한 순간이었다.

코는 호흡의 통로를 열어 주고, 뜬 눈은 미세한 파동을 느끼며, 귀는 내면의 근육이 움직이는 소리에 집중했다. 혀는 위 치아와 아래 치아 경계 사이에 가볍게 붙고, 입은 자연스럽게 다물며 내 우주 속으로 용해되어 들어갔다. 바깥의 산만한 소리의 스위치를 끄고, 정성으로 맞이한 내 안의 빛은 맑고 청정한 형태로 내 안을 가득 채웠다. 1시간 20분 동안, 이 빛은 시공간의 흐름을 순식간에 삼켜 버렸다. 잡념에 흔들리지 않은 몰입은 빛의 속도로 마지막 동작의 점에 도달하는 짧은 순간을 느끼게 했다. 더 달릴 수 있는 에너지가 채워지고, 깃털처럼 가벼운 이완 속에서 차분한 상쾌함이 퍼졌다. 잡념에 사로잡힌 집중은 무거운 에너지를 축적하지만, 이완된 고도의 집중 상태는 상한 에너시와 가벼움을 선사한다. 바림의 기운과 하나된 마음이 나를 감싸며, 고요하면서도 강력한 힘이 느껴졌다.

우리 몸에 에너지를 주는 것은 바로 호흡이다. 요가는 자율 신경계를 통제하고 균형을 맞추는 힘을 부여한다. 횡격막 호흡은 잡념을 차단하고 각성을 불러일으켜 지금, 이 순간의 나를 온전히 바라볼 수 있는 에너지를 전달해 준다. 깊고 안정적인 호흡을 통해 몸과 마음이 하나로 연결되어 내면의 평온을 유지하고 집중력을 높일 수 있다.

이 힘은 현재를 바라보며 살아가는 원소가 된다. 들숨과 날숨의 균형이 일대일로 조화를 이루는 호흡은 감정을 통제하고 조절하는 역할을 한다. 또한, 7만 2천 개의 나디(경락)[3]와 연결된 신경계의 불이 켜져 있는지 보이지 않는 마음의 눈으로 점검할 수 있게 한다. 꺼진 불을 밝혀 살아나는 신경계는 나를 사랑하고 돌보는 일을 우선시하게 만든다. 내 마음에 얽매임 없는 평온이 유지될 때, 수용과 기여의 문이 열린다. 어제보다 조금 더 성장한 내가 될 때, 오늘을 살아갈 힘이 생긴다.

3   우리 몸을 구성하는 경락 자리를 말한다.

움직이는 명상에서 만난 내 안의 빛은 언제나 고요하고 따뜻하게 내 마음속에 자리한다. 그 빛은 마치 자연스럽게 떠오르는 태양처럼, 내 본질을 비춘다. 내가 머물러야 할 곳으로 나를 인도한다. 강렬하지 않지만 온화하고 잔잔한 그 빛은, 마음속 깊이 자리 잡고 신경계를 타고 올라가 얼굴에 환한 빛으로 피어나게 한다.

나의 어록

깊은 호흡은 잠들어 있는 세포를 깨우는 강력한 에너지이다. 우리 몸에 필요한 에너지를 주는 것은 좋은 음식과 호흡이다. 두 개의 기둥은 우리가 건강하고 활기찬 삶을 살아가게 하는 힘의 원천이 된다.

고독의 책방에서
나를 마주하라

사상가이자 문필가인 함석헌 선생님은 "너만의 동굴을 가졌는가?"라는 질문을 던졌다. 이 질문은 우리가 자신을 돌아보고, 진정한 고독의 의미를 찾도록 이끈다. 나만의 감정 동굴에는 고독과 외로움이 공존한다. 이 두 감정은 서로 다른 얼굴로 내 마음에 다가온다. 고독은 스스로 선택한 혼자만의 시간을 만끽하는 것이고, 외로움은 바깥의 거친 감각적 쾌락이 사라진 자리에 남겨진 어색하고 불편한 마음이다.

고독은 내면의 문을 열어 깊은 사색으로 나아가는 이완의 공간을 준다. 외부의 소음에서 벗어나 내면으로 향하며 진정한 평온을 찾게 한다. 외로움은 외부로 향하는 거친 마음이 이끌어 가는 긴장의 영역이다. 선택된 고독의 시간은 생존을 넘어서, 나의 마음을 다시 조율하고 더 좋은 방향으로 이끄는 기회를 만든다. 내면의 충만함으로 이어져 단순한 고립이 아닌 사색을 통해 자신과 깊이 소통하게 하는 시간이다. 이 시간은 나의 뇌를 가볍게 만지작거리며 새로운 생각과 통찰을 열어 주는 귀한 시간이 된다.

　고독 속에서 마음이 던지는 질문은 마치 감정의 파도처럼 예측할 수 없는 방향으로 나아가지만, 그 순간마다 내 마음은 자연스럽게 나의 내면세계와 연결이 된다. 고요한 시간이 깊어질수록 떠오르는 생각들은 마음의 책장을 넘기듯 다양한 감정과 기억을 불러일으킨다. 그 책장의 페이지들은 미리 선택할 수 없지만, 그 순간의 내 상태에 따라 자연스럽게 하나의 감정에 스며들고, 다시 내면 속마음의 책장에 영향을 미친다.

　마음의 책은 내가 살아온 모든 순간과 감정의 흔적이 담긴 일기와도 같다. 좋은 감정, 싫은 감정이 담긴 경험들이 페이지마다 진하게 묻어 있고, 그 감정들이 다채로운 색깔로 표출되기도 한다. 고독 속에서 나는 그 페이지들을 다시금 읽고, 깊은 몰입을 경험하게 된다. 그 순간마다 피어오르는 향기처럼, 감정은 우리의 의식과 이성을 통과하며 자연스럽게 현재의 나를 이끌어 간다.

　내면의 목소리는 고독 속에서 더욱 뚜렷하게 들린다. 그 소리는 마치 내면의 책장을 넘기며 한 장 한 장 기록을 수정하고, 잘못된 선택을 고쳐 나가는 과정에서 오는 소리이다. 때로는 과거의 기억을 되돌아보며, 그것이 현재의 나에게 어떤 영향을 미쳤는지 반추하고, 이성의 눈으로 마음을 마주할 용기를 얻을 때, 나는 진정한 자유를 경험하게 된다. 자유로운 독서는 나를 넘어선 새로운 시각으로 나 자신을 재구성한다.

　움직임의 행위들이 하얀 마음 벽지에 그려진다. 선명도가 있는 책은 살아가면서 그리움과 희망이 된다. 마음 한편에 자리한 살아 있는 책은 눈에 보이지 않지만, 그렇다고 해서 그 책이 존재하지 않는 것은 아니다. 마음의 눈으로 읽는 이 책은 세상에 단 하나뿐인 나만의 이야기이다.

시간이 흐르고 세월의 흔적이 더해질 때마다 마음의 책장에 하나씩 새로운 페이지를 추가하며, 소중히 관리하고 간직한다. 오직 나만이 알 수 있고, 나만이 찾아낼 수 있으며, 나만이 그 길을 설어갈 수 있는 고유한 여정의 기록이다. 그 책을 마주할 때마다 느껴지는 환희는 나를 더욱 확장되는 삶으로 이끌어 준다.

나는 나를 초월한 시공간 속에서 하얀 마음의 도화지 위에 내 행위라는 붓으로 글을 써 내려간다. 찰나의 순간으로 기록되는 이 짧은 시간은 정신을 집중해야만 마침표를 찍어 서랍 속에 넣을 수 있다. 차분하고 침착한 마음의 상태를 유지하지 않으면 나는 마음의 책장에서 필요한 기록지를 찾지 못하고 길을 잃게 된다. 마음속 책장에 꽂힌 책들은 나를 비추는 거울이자 나를 더 나은 방향으로 이끄는 나침반 역할을 한다. 나는 과거의 나와 대화하며 자신을 더 깊이 이해하게 되고, 그 과정에서 얻은 지혜가 내 삶의 선택에 중요한 이정표가 된다. 침묵이 흐르는 공간에서 책을 펼쳐야 비로소 그 안에 담긴 진정한 의미를 알 수 있다.

또 다른 독서는 종이로 된 텍스트를 읽는 시간이다. 신은 우리에게 공평하게 시간을 주었지만, 다양한 경험을 할 수 있는 시간은 제한적이다. 그럴 때면 나는 종이로 된 책을 통해 다양한 사람들의 생각과 철학에 접속하고,

이를 통해 공감을 형성하며 정보를 수집한다. 책을 쓴 작가의 관점에서 생각하고 이치를 논할 때, 내 뇌는 마치 그 삶과 연결되는 듯한 감정을 느낀다. 아무리 다른 작가의 삶과 생각이 훌륭하다고 하더라도, 그 길이 곧 내 길이 될 수는 없다. 책이 던지는 중요한 핵심을 나만의 방식으로 적용하고, 이를 내 삶에 맞게 증류하는 과정을 거쳐야만 진정으로 고유한 나의 길을 찾아 걸어갈 수 있다.

신은 인간을 똑같이 빚어내지 않았다. 겉모습은 비슷할지라도, 각자의 내면과 본질은 완전히 다르다. 그렇기에 삶의 방식과 생각은 저마다 다를 수밖에 없다. 삶이란 단순히 누군가의 발자취를 따라가는 것이 아니라, 나만의 발자국을 남기는 여정이다.

책을 읽는 동안, 나는 가끔 내 생각과 행동이 잘못된 방향으로 가고 있다는 것을 깨닫는다. 그 순간, 내 마음에 형성된 공감대는 마치 반짝이는 보석을 발견한 듯한 기쁨으로 내 안에 퍼져 나오고, 나는 즉시 항로를 수정하게 된다. 이러한 성찰은 나를 더 높은 지적 수준으로 나아가게 한다.

그 깨달음을 노트에 기록하여 오랜 시간 동안 그 내용을 되새기고 내면화한다. 이는 마치 나를 단단하게 만드는 영양분처럼 작용한다. 나는 모소대나무의 성장 과정에서 깊은 영감을 얻었다. 4년 동안 땅속에서 에너지를 응축한 뒤, 5년이 되는 해에 비로소 땅 위로 솟아오르는 그 모습은, 마치 내가 성장하는 과정처럼 보인다. 세상 밖으로 머리를 내민 후 6주 만에 빠르게 자라 거센 폭풍에도 흔들리지 않는 견고함을 가진다. 나에게 모소

대나무는 잔바람에 흔들리지 않는 중심이자 단단한 마음 근육의 상징이며, 혼자 있는 시간의 힘이 된다.

독서는 내 마음의 밭에 좋은 씨앗을 심는 행위이다. 한 번 심어진 씨앗은 시간과 정성으로 자라난다. 그것은 곧 내면의 힘이 되고, 더 나은 방향으로 나아가기 위한 영감을 줄 것이다. 고독의 책방과 종이로 된 책을 진열된 책장에서 하나씩 꺼내 읽다 보면, 내 삶과 연결된다. 삶은 경험의 집합체이다. 결론을 향한 직선이 아니라 끝없이 펼쳐지는 과정의 연속이다. 나는 이 과정에서 삶의 본질을 발견한다.

세상의 소음이 사라지고, 나와 마주하는 시간 속에서 나는 책을 읽듯 내 삶을 천천히 되짚는다. 지적 경험은 내 시야를 넓혀 주고, 삶을 바라보는 여유를 선물한다. 이 여유는 마치 보이지 않는 영혼의 영토를 개척하는 일과 같다. 아무도 밟지 않은 황무지를 걸으며 나는 내 안에 숨겨진 가능성을 발견하고, 그 위에 새로운 길을 만들어 간다. 다양한 독서는 이러한 영토를 건설하고 개발하는 중요한 도구다.

나의 어록

오늘, 고독의 책방에 어떤 한 페이지를 더하고 있는가?

질문을 통해 여는
행복의 문

인간은 지성, 감정, 의지가 조화를 이루며 마음의 균형을 추구하는 전인적인 존재이다. 이러한 균형은 외부 환경이나 조건보다 우리의 내면에서 비롯된다.

지성은 축적된 지식을 바탕으로 사고와 판단을 논리적이고 이치에 맞게 이끌어 가는 힘을 제공한다. 하지만 지성만으로는 모든 문제를 해결하기 어렵다. 감정은 우리의 삶에 생동감을 더해 주며, 타인과의 관계 속에서 공감을 불러일으킨다. 그러나 감정에만 의존하면 우리는 불안정한 상황에 쉽게 흔들릴 수 있다. 의지는 우리를 행동으로 이끄는 원동력이지만, 지나치게 경직된 의지는 유연성을 잃게 만든다. 따라서 지성, 감정, 의지가 각각의 고유한 역할을 하면서도 유기적으로 상호작용하며 균형을 이루는 것이 중요하다.

우리의 내면은 가장 깊고도 넓은 세계이며, 이해하고 다듬어야 할 영역이다. 내면의 문제를 해결하려면 외부에서 답을 찾는 충동을 넘어, 자신 안에서 해답을 찾는 연습이 필요하다. 이러한 내면 탐구는 단번에 이루어지지 않는다. 끊임없이 자신을 돌아보고 다듬어야 가는 과정에서 알게 되는 여정이다.

이 과정에서 가장 효과적인 방법의 하나는 질문이다. 스스로 질문을 던지는 것은 매우 효과적이지만, 이러한 연습이 되어 있지 않은 사람에게는 쉽지 않다. 사람의 마음의 문을 여는 것은 결국 사람이다. 내면에 문제가 발생하면, 우리는 문제와 너무 밀접하게 붙어 있어 제대로 볼 수 없다. 이때 타인의 관점을 통해 문제를 바라보면 자신이 놓친 부분을 깨달을 수 있다.

나는 (사)한국코치협회에서 주관하는 코치 자격증을 취득한 후, 라이프 코치로서 다양한 고객들과 함께 시간을 쌓아 왔다. 코치의 역할은 문제를 직접 해결하거나 조언을 제공하는 것이 아니다. 고객이 스스로 해답을 찾아갈 수 있도록 돕는 데 있다. 열린 질문을 통해 고객의 생각과 상상력을 자극하고, 내면 깊이 잠재된 답이 자연스럽게 드러날 수 있도록 지원한다.

코칭은 고객이 자신 안에 있는 해답을 발견하고 이를 통해 성장과 변화를 이끌어 가는 자기 탐구의 여정을 함께하는 과정이다. 고객이 고민을 풀어 가는 과정에서 예상치 못한 방향으로 주제가 흘러가거나, 부정적인 감정에 사로잡혀 방향성을 잃고 헤매는 순간이 있다. 이때 코치는 보이지 않는 손길로 고객 곁을 지키며, 공감과 인정의 메시지로 고객이 감정적으로 안정감을 되찾고 더 깊이 자신을 표현할 수 있도록 돕는다. 그렇게 굳어 있는 문제가 조금씩 풀어지며 틈 사이로 새로운 공간이 생길 때, 문제의 본질이 서서히 모습을 드러낸다.

코치는 수평적이고 협력적인 파트너로서 고객의 이야기에 깊이 귀 기울인다. 고객이 사용하는 언어와 경험을 기반으로 요점을 정리하고, 열린 질문을 통해 다음 단계로 나아가는 문을 열도록 돕는다.

마음의 문을 여는 것은, 고객이 사용하는 언어와 경험에 주파수를 맞추고, 이를 통해 진정으로 공감하는 마음의 언어를 전달할 때 가능하다. 이러한 공감의 순간에 고객은 마음의 문을 열고 자신을 표현하게 된다.

코칭 세션에서 고객이 스스로 답을 찾을 수 있도록 돕는 질문은 내면을 탐구하고, 숨겨진 깨달음을 끌어내는 열쇠 역할을 한다. 고객의 생각과 감정을 명확히 이해하도록 돕는 동시에 행동에 동기를 부여하고, 목표를 보다 구체적이고 현실적으로 설정하는데 주요한 역할을 한다.

'오늘은 어떤 주제로 이야기를 나누고 싶으신가요?'

'어떤 부분인지 구체적으로 말씀해 주시겠어요?'

'그 주제는 고객님 삶에 어떤 의미가 있나요?'

'목표를 이루기 위해 작은 습관이라도 만들고 싶다면 무엇이 있을까요?'

'목표를 이룬 이후에 어떤 방향으로 한 걸음 더 나아가고 싶으신가요?'

이와 같은 질문을 통해 고객은 자신이 생각하는 문제가 무엇인지, 왜 불편한지를 정확하게 인식하게 된다. 이 질문들은 문제를 다시 정확하게 바라보게 하며, 해결을 위해 불필요한 요소를 제거하고 실질적인 행동 계획을 세울 수 있도록 돕는다. 이렇게 코칭은 고객의 생각 모터를 안전하게 돌아가게 하여, 문제 해결을 위한 실질적인 방향으로 나아갈 수 있게 한다. 고객이 스스로 답을 찾고 정리해 갈 때 느껴지는 감동은 자부심을 불러일으킨다. 사람과 사람 사이에 주고받는 좋은 에너지는 마치 진한 사골에서 우려 나온 진국처럼, 행복한 마음으로 진하게 느껴진다. 이 질문들은 고객의 마음의 문을 여는 도구에 그치지 않는다. 나에게 해결해야 할 문제나 불편한 감정이 생겼을 때, 나는 코치이자 내담자가 되어 자신에게 질문을 던지며 깊은 생각으로 나아간다. 사람은 문제가 생기면 해결하고자 하는 욕구가 일어난다. 이는 단순한 잡념의 문제가 아닌, 내 인생을 변화시키는 중요한 문제들에 대해 깊이 성찰하는 과정이다. 이 과정을 통해 사신에 대해 주인의식을 갖게 한다. 또한, 나를 인정하고 수용할 때, 강력한 위로와 치유가 다가온다.

나는 고객을 존중하는 마음과 경청의 집중력을 단단히 다지기 위해 끊임없이 자신을 담금질하며, 이를 통해 맑고 안정된 집중 상태를 유지하려고 노력한다. 혼자 있는 시간의 공간에서 '왜? 무엇을? 어떻게?'라는 질문을 던지며 자문자답하는 시간을 갖는다. 이 집중은 긴장이 아니라 이완된 맑음 속에서 이루어진다.

편안하고 밝은 시간을 보낼 때, 깊은 내면의 목소리가 들리고 그 목소리가 나의 문제와 감정의 요동을 잠재우는 길을 열어 준다. 스스로 질문하고 답을 찾는 과정에서, 나는 내 안에 무한한 가능성이 있음을 발견한다. 이는 선택에 따른 책임을 받아들이고, 그 선택에 대한 믿음으로 후회 없이 앞으로 나아갈 힘이 된다.

자기를 인정하는 마음은 삶을 더욱 풍요롭게 하고 성장을 끌어내는 동시에 자책을 줄인다. 이러한 인정은 내면의 평화와 자신감으로 이어져 삶을 충만하게 만든다. 내면의 나에게 귀 기울인다고 해서 곧바로 해답을 찾는 것은 아니다. 그 해답은 하나의 정답이 아니라, 현재의 문제를 풀어 가는 과정에서 내가 선택할 수 있는 최고의 방법을 발견하는 것이다.

내 인생의 방향을 결정하는 사람은 바로 나 자신이며, 그 선택의 힘은 내 안에 존재한다. 내가 그려 가는 인생 지도가 한 걸음씩 아름다운 풍경으로 이어질 때, 삶은 점점 무르익어 평온과 만족을 찾게 된다.

박 코치(필자)의 인생 행간에 행복의 바람이 부는 이유는, 끊임없이 자신에게 질문을 던지고 그 답을 찾아가는 내적 힘이라는 강력한 무기를 가지고 있기 때문이다. 이 내적 힘은 삶의 방향성을 잃지 않게 해 주며, 더 나은 선택과 방향을 이끄는 나침반이 된다.

나의 어록

신선한 의식에 잡념을 허락하지 말고, 깊은 생각으로 채우자.

2장

마음 그릇에
좋은 향기를 피워 내자

멈춤이 있는
삶을 찾아서

6월 어느날, 친구가 하계 휴가 계획에 특별한 일이 없다면 함께 보내자며 연락을 해왔다. 자녀들이 어릴 때는 가족과 함께하는 휴가가 당연했지만, 아이들이 성장하면서 점점 자신만의 시간을 원하게 되었다. 매년 함께 떠났던 특별한 휴가도 점차 사라졌다. 그사이, 가족보다는 외부 이해관계로 맺어진 관계가 우선시 되는 경우도 많았다. 아이들이 성장하는 모습을 보며 '벌써 저렇게 컸구나!' 하는 감탄과 동시에 시간의 흐름에 대해 아쉬움이 밀려왔다.

이제는 나를 위한 시간이 많아졌다는 점에서 기쁨도 느껴졌다. 오랜만에 나만의 시간을 가질 수 있다는 사실에 설렘과 기대가 컸다.

친구는 도시의 복잡한 일상에서 벗어나 진정한 쉼을 찾는 여행을 제안했다. 나는 오래전 다녀온 화엄사 템플스테이를 추천했다. 친구는 생각지도 못한 제안에 놀라기도 했지만, 새로운 경험을 함께할 수 있다는 점에 호기심을 느끼는 듯했다. 새로운 여정이 시작될 것 같은 기대감이 가득 차올랐다.

우리는 집안일과 회사에서 벗어나 일주일 정도 자유롭게 시간을 보내자고 계획했다. 하지만 선택할 수 있는 날짜는 2박 3일뿐이었다. 아쉬운 마음을 감추며 예약과 송금을 마무리했다. 결심에 대한 후회와 복잡한 생각 속에서 빨리 벗어나고 싶었다. 모든 준비가 끝나자, 일상에서 벗어나 자연과 빨리 동화(同和)되고 싶다는 성급함이 밀려왔다.

가는 날이 다가올수록 하늘은 성난 듯 무섭게 비를 뿌렸다. 우리는 '어떠한 일이 있어도 가리라!'라고 결심했지만, 뉴스에서 사고 소식이 들릴 때마다 혹시라도 못 갈 상황이 생길까 봐 불안과 초조가 밀려왔다. 우려했던 것과는 달리 출발 당일 아침 날씨는 고요하고 맑았다. 깨끗한 공기를 마시며 가벼운 발걸음이 엉덩이를 실룩거리게 했다.

남편은 "집 떠나니깐 그렇게 좋냐?" 하며 서운한 기색을 보였다. 마치 밥 차려 주는 사람이 없다는 아쉬운 말투처럼 느껴졌다.

새로운 시작에 대한 기대감을 안고 친구와 함께 전남 구례 화엄사로 향했다. 우리는 말 보따리를 하나씩 풀어 3시간 동안 쉴 새 없이 조잘거렸다. 이야깃거리로 아침 먹은 것을 소화 시키고 나니 배가 고파졌다. 여행에서는 먹는 즐거움이 빠지면 안 된다. 점심으로 무엇을 먹을지 고민하다가, 친구가 구례에 '동아 식당'이 유명하다고 했다.

북적이는 도시와는 달리 한적하고 넓은 시골은 여유로웠다. 설레는 마음으로 식당 문을 열고 들어서는 순간, 오래 묵은 퀴퀴한 냄새와 얼룩진 벽이 우리를 맞았다. 엉성한 나무 선반으로 만들어진 주방에는 검게 탄 찌그러진 양은 냄비가 줄지어 높게 쌓여 있는 모습이 눈길을 끌었다. 삐걱거리는 탁자와 의자, 백발의 할머니와 탁주를 마시고 있는 할아버지들의 모습은 시골 식당의 정취를 더해 주었다.

친구는 분위기를 환기하기 위해 "이런 오래된 집일수록 맛집이 많이 있잖아. 할머니의 특별한 손맛이 있겠지!"라고 하며 메뉴를 선택했다. 그 말에 나도 기대감이 더해졌다. 어떤 맛이 우리를 기다리고 있을지, 기대되었다.

평소에 먹어 보지 못한 특별한 메뉴인 가오리찜을 주문했다. 그러나 음식에 대한 기대감이 컸던 만큼, 실제 맛은 우리의 예상과 달랐다. 우리는 '모든 경험은 배움이다.'라고 마음속으로 다짐하며 긍정적으로 받아들이기로 했다.

화엄사에 도착하고 템플스테이를 시작하면서, 내 마음은 점차 안정되었다. 여유롭고 고요한 환경 속에서 나는 자신을 돌아보는 시간을 가졌다. 템플스테이는 자신을 되돌아보며 내면의 평화를 찾는 법을 배우는 귀중한 시간이 된다. 새로운 환경과 소리에 귀 기울이면서, 나는 잃어버렸던 나 자신을 다시 찾았다.

산사의 고요함 속에서 마음은 차분해지고, 집중은 나의 한계를 넘어서서 새로운 경험을 맛보게 했다. 자연에서의 쉼은 마음을 가볍게 하고, 나를 다독이는 시간이 되었다. 또한, 비워진 마음의 공간에 삶의 방향을 새롭게 새겨 보게 했다.

다음 날 아침 대청마루에 앉아 처마 밑으로 떨어지는 빗줄기를 보며 내 마음을 빗줄기로 씻어 내는 시간을 가졌다. 그리고 빗소리에 내 마음의 주파수를 맞추고 자연의 소리에 깊이 빠져들었다. 빗줄기와 하나가 되는 순간, 빗줄기 사이의 공간이 보였다. 내 눈이 돋보기가 된 듯, 세상의 작은 부분들이 뚜렷하게 드러났다. 그 공간 속에서 마음의 명료함이 느껴졌다. 내가 헛것을 본 것인가? 눈을 깜박이며 다시 집중해 보았다. 분명히 보였다. 순간의 집중은 인간이 가진 한계를 넘어 설명할 수 없는 경험을 준다. 그것은 초자연의 힘처럼 느껴졌고, 완전한 이완의 상태에서 미세하게 느낄 수 있는 움직임이다.

나는 빗줄기 사이의 공간을 보며, 내가 얼마나 바쁘게 일과 관계의 소음 속에서 살아왔는지를 알았다. 일상의 삶을 잠시 멈추고 나를 돌아보는 것, 그 소중한 순간을 맞이하고 있는 나에게 감사한 마음이 밀려왔다.

2박 3일은 온전히 나를 위한 시간인 동시에 삶의 의미를 되새기며 앞으로 나아갈 힘을 충전하는 기회였다. 멈춤이 있는 삶에서 얻은 여유와 평화는 나에게 깊은 에너지가 되어 주었다.

삶은 우리가 바쁘게 살아가는 동안 종종 잊고 지나치기 쉬운 순간들로 가득하다. 나 자신을 돌아보는 시간은 단순한 휴식이 아니라, 앞으로 나아갈 수 있는 에너지를 충전하는 기회다. 자연과 연결을 통해 내 마음의 소리를 듣고 삶의 방향을 정할 힘을 얻는다.

삶의 방향을 잃고 앞이 보이지 않을 때는, 잠시 자연으로 들어가 쉼이라는 정거장에서 나를 점검하는 시간을 가지자. 그러면 마음의 여유 속에서 새로움이 생기고, 가벼운 마음으로 앞으로 나아갈 수 있는 공간을 느끼게 되리라.

나의 어록

삶은 속도보다 깊이에서 창조적인 발상이 시작된다. 순도 높은 맑은 쉼은 나를 재창조하는 힘이 된다.

나이 듦에
대하여

'고통은 피할 수 없지만, 고통이 어떻게 다가오는가는 우리가 선택할 수 있다.'

- 하포드 브루커

어느 날, 이유 없이 골반에 통증이 느껴졌다. 특정 부위가 아프다기보다 골반 주변에서 은근히 불쾌한 느낌이 스며드는 듯했다. 평소에 근육 운동을 할 때 난이도를 높이면, 사용하지 않았던 근육이 자극을 받아 통증을 느끼곤 했다. 근육의 힘을 키우는 과정으로 자연스러운 일이었기에 이런 아픔은 나에게 익숙했다. 이번 통증은 그런 종류일 거로 생각하며, '곧 괜찮아지겠지.' 하고 나를 안심시켰다. 하지만 시간이 지나도 통증은 좀처럼 가라앉지 않았다. 불현듯 불안한 생각이 스쳤다. 혹시나 하는 생각에, 회사에서 대상포진을 앓은 적이 있던 여직원을 불러 이야기를 나누었다.

"박 책임아! 너 대상포진 걸렸을 때 증상 좀 말해 봐."

"혹시⋯ 대상포진이세요?"

나는 아픈 부위를 보여 주었다.

"맞아요. 이거 대상포진이에요. 빨리 병원 가셔야 해요."

그 말을 듣자 기운이 빠졌다. 혹시나 했지만, 역시 그런 것이었다.

"몹시 아프셨을 건데 어떻게 참으셨어요?"

나는 허탈한 웃음만 나왔다.

다음 날, 바로 병원에 갔다. 의사는 대상포진 진단을 내리며 물었다.

"최근에 극심한 스트레스를 받으셨나요? 대상포진 생기기 전에 신호가 있었을 건데, 못 느끼셨나요? 많이 아프셨을 텐데…."

의사는 아물어 가는 과정이라며, 지금으로서는 특별히 할 수 있는 조치가 없다고 했다. 대신 바이러스 질환이니 일주일간 약을 꾸준히 먹고, 충분히 쉬어야 한다고 당부했다.

병원을 나오는 순간, 문득 내가 진짜 환자가 된 기분이 들었다. 모든 고통과 통증이 그 자체로 어떤 의미를 품고 있는 것처럼 다가왔다. 원효 스님이 해골에 담긴 물을 모르고 마셨을 때는 달게 느꼈지만, 알고 나서는 역겨웠다고 했던 이야기가 떠올랐다. 나도 그랬다. 의사가 '병'이라고 말하기 전까지는 통증이 내 삶에 큰 장애가 아니었다. 하지만 그 한마디 이후, 나를 지탱하던 정신력이 서서히 무너져 내리는 것 같았다. 갑자기 온몸이 아파지고, 피곤이 거대한 파도처럼 덮쳐 왔다.

작년 가을부터 나는 회사 업무로 극심한 스트레스를 받고 있었다. 회사 자금 상황이 악화하면서 거래 업체의 압박이 시작되었다. 담당자로서 나는 업체의 하소연과 원망의 화살을 온몸으로 받아 내야 했다. 모든 일이 내 업무의 책임이라 생각했기에 당연히 해야 하는 일이라 생각했다. 하지만 상황은 점점 버거워졌다. 최전방에서 회사를 위해 싸우는 나를, 대표는 그저 뒷짐을 지고 보고 있는 듯해 지쳐 갔다. 문제를 해결하기보다는 이 상황을 잘 넘겨야 한다는 암시만 던지는 듯했다. 서로의 위치가 다르므로 내 고충을 이해하기 어려웠겠지만, 나는 날마다 순간순간의 위기를 넘기며 연장된 일상 속에서 고군분투하고 있었다.

그 과정에서 마치 거대한 돌덩어리가 내 온몸을 짓누르는 듯한 압박감을 느꼈다. 해결되지 않는 문제와 홀로 싸워야 한다는 현실은 나를 더욱 지치게 했다. 몸은 분명 신호를 보내고 있었지만, 나는 그것을 외면한 채 오직 일에만 몰두했다.

결국, 그런 내 선택은 몸에 무리가 가는 결과를 가져왔다. 그제야 내 몸이 얼마나 지쳐 있었는지 돌아볼 수 있었다. 사람에게는 할 수 있는 일에 한계가 있다. 그 한계를 넘어서면 몸은 마지막 순간에야 신호를 보낸다. 몸은 선택의 결과물이다. 나를 돌보는 대신 일에만 몰두했던 선택의 대가는 고스란히 내 몸으로 돌아왔다. 긴장된 상태를 풀어 줄 여유조차 허락하지 않고 오랜 시간 버텨 왔다는 사실을 깨달았다. 몸이 보낸 통증은 생존을 위해 자신을 돌봐 달라고 보내온 간절한 메시지였다.

애써 태연한 척 회사에 출근하여 평소처럼 일했지만, 마음 한편에 서글픔이 가득했다. 누구를 위해 이렇게 애쓰고 있는 것일까? 왜 이토록 마음이 무거운 걸까? 혹시 나의 노력을 알아주지 않는 회사와 대표에 대한 서운함 때문일까?

온 에너지를 쏟아부으며 최선을 다하는 이유가 무엇인지 스스로 되묻기 시작했다. 날마다 반복되는 업무 속에서 쏟아 낸 열정이 오히려 내 마음을 더욱 복잡하게 만들고 있었다. 과연 나는 어떤 의미로 이곳에 있는 것일까? 그리고 내가 쏟아부은 노력은 어떻게 평가받고 있는가?

최선을 다하는 것이 정말로 가치 있는 일인지, 아니면 단지 나 자신을 끝없이 몰아붙이는 고통스러운 과정일 뿐인지, 끊임없는 질문들이 머릿속을 떠나지 않았다. 이면지 위를 펜으로 긁적이며, 머릿속을 가득 채운 생각들을 풀어냈다.

결국, 나는 내가 감당할 수 있는 만큼만 책임을 지기로 했다. 이 회사에서 내 역할은 내 업무만큼만 책임지는 것이다. 마치 내가 대표인 것처럼 회사를 운영하려 했던 마음이 지나치게 컸던 것 같았다. 내 업무를 넘어 회사를 끌어가야 한다는 과도한 책임감이 나를 짓누르고 있었다.

완벽하게 일을 처리하려는 욕망이 나를 지나치게 몰아붙였다는 사실을 깨달았다. 회사는 내 소유가 아니며, 내가 모든 걸 대신할 수 없다는 현실을 받아들였다. 마음의 경계를 분명히 정하니, 나와 회사 사이에 적절한 거리가 생기면서 그동안 무거웠던 마음이 한결 편안해졌다.

'절이 싫으면 중이 떠난다.'라는 말처럼, 절은 특정한 장소나 상황을 상징하고, 중은 그 안에서 자신이 맡은 역할을 비유적으로 담고 있다. 절은 변하지 않는 환경이나 조건으로 존재하지만, 중은 구름 따라 바람 따라 마음이 움직이는 대로 떠날 수 있다. 우리가 처한 환경이나 상황에 불만이 있을 때, 결국 변화를 일으키는 출발점은 우리 마음이다.

이제 가벼운 마음으로 그 모든 상황을 바라보았다. 타자에 대한 원망과 서운함은 사라지고, 단지 내 마음이 예전과 달라졌다는 것만이 남았다.

삶은 완전히 이해하거나 용서할 수 있는 것이 아니다. 내 뇌가 그것을 허락한 순간, 긴장된 근육이 풀리고 마음속엔 평온이 스며들었다. 고유한 감각이 되살아나자 마음과 몸의 통증도 서서히 사라졌다. 이 모든 것이 내 마음의 작용이라는 것을 알게 될 때, 변화를 받아들이는 힘이 생겼다.

젊었을 때는 사소한 통증에도 쉽게 무너져 몇 날 며칠을 엄살 속에 지내곤 했다. 통증이 유독 강하게 느껴진다는 것은 삶이 얕고 여릴 때의 특징이기도 하다. 그러나 나이가 들수록 삶의 깊이가 더해지며, 나약했던 자신을 조금씩 벗어나게 된다.

'성장에는 고통이 따르지만, 그 고통이 결국 나를 더 나은 존재로 만든다.'라는 말처럼, 고통을 이겨 내며 나아가는 과정에서 우리는 통증을 넘어 진정한 고통의 의미를 이해하게 된다.

통증은 나로부터 비롯되지만, 고통은 타인이나 외부로부터 온다. 고통은 삶의 무게가 만들어 내는 감정이다. 시간이 흐르며 무뎌지고 쌓이는 중년의 두께를 지나, 우리는 마침내 고뇌라는 깊은 경지에 이르게 된다. 고뇌는 통증과 고통을 넘어, 삶의 모든 경험이 응축된 가장 내밀한 성찰의 순간이다.

나이가 든다는 것은 고뇌를 깊이 바라보고, 그 안에서 삶의 지혜를 길어 올리는 법을 배우는 과정이다. 우리는 인생에서 노년의 시간을 가장 길게 마주하게 된다. 이 시기가 어떤 모습이 될지는 고뇌를 어떻게 받아들이고 보내느냐에 달려 있다. 노년의 시간은 단순히 나이 들어 가는 것이 아니라, 고뇌를 초월해 자신을 더 깊이 이해하고 신뢰하며 걸어가는 길이다. 성숙한 어른이 된다는 것은 자신을 믿고 고요하게 걸어가는 삶의 태도를 배우는 길이기도 하다.

나의 어록

고통은 피할 수 없지만, 그 고통이 결국 나를 더 나은 존재로 만든다.

백만 불짜리
습관이란?

3월 이른 새벽. 봄의 리듬에 맞춰 새들이 재잘거린다. 눈을 감고 새들의 소리에 귀 기울이며 마음속으로 나만의 만트라를 되새긴다. 차갑고 맑은 새벽 공기와 새들의 소리가 어우러져 하루를 준비하는 에너지가 내 안에 채워진다. 깨어 있는 의식 속에서 매일 새롭게 찾아오는 감사함을 마주하는 것이 나의 오랜 습관이다.

작은 습관은 하루를 활기차고 밀도 있는 의식의 삶으로 이끈다. 습관은 작은 변화로 시작하지만, 시간이 지나면 그 자체가 큰 변화를 이끈다. 좋은 습관들이 쌓이면 '나'라는 존재의 가치가 자연스럽게 드러나고, 반대로 나쁜 습관은 본래의 모습에서 점점 멀어지게 만든다. 우리의 삶을 완성하는 것은 하루하루의 작은 선택들이다.

삶은 우리가 무엇을 하고 있는지가 아니라, 그 일을 얼마나 의식적으로 어떻게 하는가에 영향을 미치는 것 같다.

월정사 형기 스님은 이렇게 말씀하셨다.

"청정함이란 맑은 것에도 더러운 것에도 물들지 않는 마음이다."

우리는 흔히 맑음을 최고의 상태로 여긴다. 그러나 맑음에도 여러 단계의 순도가 존재한다. 이 순도를 인식하려면 이성적 자각이 필요하며, 이를 위해서는 우리 자신을 깊이 들여다보는 과정이 필요하다. 이성적 자각을 키우기 위해서는 일상에서 리추얼 행위를 통해 삶을 의미 있게 채워야 한다.

리추얼 행위의 삶이란 목표를 이루기 위해 의식적이고 계획적인 생각과 행동을 지속해서 실천하는 습관이다. 일상에서 하는 작은 행위들의 조각들이 내 인생을 만든다.

리추얼의 삶이 확장될 때, 자신과 더욱 깊이 연결되어 이분법적인 구분이 사라지고 일원화되는 과정을 겪게 된다. 일원화된 자아에서 지적 겸손이 자연스럽게 우러나오고, 나만의 인생철학과 태도의 변화가 시작된다. 나를 있는 그대로 인식하고 받아들이며 진정한 '나'다움을 발현하는 과정이다. 옳고 그름을 판단하는 일에서 벗어나 나를 내려놓을 수 있게 되는 경지에 이른다. 나는 이것을 '백만 불짜리 습관'이라 부른다.

백만 불짜리 습관의 자질을 갖추기 위해서는 유연하고 깊은 통찰의 힘이 필요하다. 이 힘은 목표에 몰입한 마음과 그것을 이루기 위한 움직임이 하나로 합쳐질 때 일어난다.

어릴 적, 내 태도는 자신의 계발이나 탐구보다는 부모님의 삶의 방식과 훈련으로 이루어졌다. 우리 집은 농사를 생업으로 삼았다. 거대한 논과 밭에 작물을 심어 수확하여 공판장으로 보내는 과정을 어릴 적부터 함께했다. 마늘종을 뽑아야 할 시기가 되면 일이 하기 싫어 엄마에게 투정을 부리곤 했다. 그럴 때마다 엄마는 언제나 한결같이 말씀하셨다.

"일은 눈과 입으로 하는 게 아니고 손과 발이 한다. 해 떨어지기 전에 빨리 끝내고 가자."

엄마의 말에 나는 울먹이는 목소리로 대답했다.

"아니! 이 많은 것을 언제 다 하고 가냐고!"

내 마음에서 거부하는 불평과 불만이 섞인 말투만 나왔다. 하고 싶은 일이 아닌, 해야만 하는 일이기에 화가 치밀어 올랐다. 엄마는 내가 무슨 말을 하든, 어떤 행동을 하든 묵묵히 일만 하셨다. 점점 내 마음은 고립되었고, 엄마와의 거리가 더욱 멀어지는 듯했다. 시간이 흐르며 내면의 화가 서서히 빠져나가고, 어느새 자포자기 상태가 되었다. 나는 거친 감정을 내려놓고 행위에 집중하기로 마음먹었다. 한 걸음, 한 걸음씩 엄마의 발걸음을 맞추며 나아갔다.

한 줄, 두 줄, 세 줄 줄어드는 논고랑을 돌아보면, 어느새 '언제 내가 여기까지 왔지?' 하는 가벼운 마음이 들었다. 감정 없이 일에 집중하다 보면 팔과 다리가 아파도 힘들지 않았다. 우리 신체 중에서 가장 거짓말쟁이는 '눈'이다. 손과 발은 거짓 없이 내가 움직인 만큼 정확히 그 자리에 가 있었다.

'할 만했다.'

성공은 절대로 우연히 이루어지지 않았다. 그것은 끊임없는 노력과 계획, 그리고 인내에서 비롯되어진다. 마치 두꺼운 900페이지 책을 몰입해서 읽고 나면, 그 이후엔 그 어떤 두꺼운 책도 쉽게 읽을 수 있게 되는 것처럼, 일을 대하는 태도도 확실히 달라졌다. 어지간히 많은 일은 이제 수월하게 해낼 수 있다.

일이란 무엇을 이루기 위해 할 수 있는 만큼 최선을 다한 행동의 양이다. 일에 몰두하다 보면, 어느새 저무는 태양이 집으로 향하는 모습을 보며 하루를 마감하게 된다. 그때야 비로소 알찬 하루의 보람을 느끼며 집으로 갈 수 있다는 마음이 하루의 고단함을 잊게 했다. 하루, 이틀 행위에 몰입하다 보면 그 넓은 논과 밭의 끝이 보인다. 완결의 쾌감을 느끼며, 성취를 자부심으로 이어 갔다. 엄마는 수고했다는 의미로 용돈을 주곤 했다. 그 보상은 일의 가치를 느끼게 해 주었고, 통제와 지배를 통해 나의 삶을 그려 나아가는 힘이 되게 해 주었다. 역경을 이겨 낼 때마다 성숙해지는 나를 느끼며, 점차 아마추어 농부에서 프로다운 마음 태도를 만들었다. 움직임은 곧 우리의 삶이며, 매 순간 내게 주어진 일을 어떻게 해내느냐가 결국 내 인생을 결정하는 것 같다.

엄마가 며칠 동안 집안을 비울 때는 가까이 사시는 외할머니가 오셔서 나와 가축을 돌봐 주셨다. 어느 날 학교에서 집으로 돌아올 때쯤 비가 내리기 시작했다. 외할머니는 넓은 마당에 펼쳐 놓은 콩이 비에 맞을까 걱정하는 마음에 안절부절못하셨다. 그때 나는 차분하게 일하며 외할머니를 안심시켰다. 내 태도와 행동에 놀란 외할머니는 감탄을 금치 못하셨다. 나는 하나씩 차례대로 일을 해결해 나갔고, 비는 나에게 전혀 영향을 미치지 않았다. 그 속에서 침착하게 일을 진행하며 조금씩 정리가 되어 가는 모습을 보며 나도 스스로 뿌듯함을 느꼈다.

내 일 처리 능력과 힘이 강해진 모습을 본 외할머니는 아낌없는 칭찬을 해 주셨다. 마냥 철없는 아이로만 보였던 내가 새로운 모습으로 비쳤던 것 같다. 비록 어려운 상황이었지만, 나는 일에 집중하며 최선을 다했다. 그 과정에서 외할머니에게 신뢰를 줄 수 있었고, 점차 마음을 놓으신 외할머니는 내 모습을 보며 안도감을 느끼는 듯했다. 일이 마무리될 때 외할머니는 작은 미소를 지으셨고, 나는 그 미소 속에서 큰 보람과 따뜻함을 느꼈다. 그 후로 할머니는 돌아가실 때까지 그날의 이야기를 자주 하셨다.

나는 거부하지 않고, 있는 그대로 받아들였다. 어린 시절부터 형성된 마음의 태도는 시간이 흐르면서 삶을 대하는 방식에 깊은 변화를 가져왔다. 임계점을 넘어서 커진 자아는 이제 웬만한 어려움에도 흔들리지 않았고, 나에게 주어진 일을 피하기보다 정면으로 마주할 용기가 생겼다.

좋은 태도는 타고나는 것이 아니라, 끊임없는 노력과 인내의 과정에서 서서히 형성되는 가치이다. 유연성은 삶에서 중요한 강점이 되며, 예상치 못한 상황에 적응하고 변화를 받아들이는 능력을 키운다. 긍정의 힘은 삶을 더 넓고 깊게 채워 준다.

'피할 수 없으면 즐기라'는 말처럼, 오랜 시간의 축적을 통해 점점 더 단단한 에너지가 형성되었다. 부모님의 가르침 덕분에 고정된 사고방식에서 벗어나 성장형 마인드로 나아갔고, 끊임없이 배우며 발전하는 원동력을 얻었다.

좋은 습관은 단순히 반복되는 행동이 아니라, '깊숙한 무의식에 어떤 씨앗을 심었는가?' 하는 문제이다. 우리의 움직임이 영혼과 함께한다면, 그 자체로 영원한 지복의 삶이 된다. 그 움직임과 움직임 사이의 공간에서 삶의 향기가 피어오르고, 그 향기를 느낄 때 우리는 하루를 잘 살아 낸 것이다. 모든 행위의 태도는 결국 백만 불짜리 습관에 의해 형성된다.

> **나의 어록**
>
> 좋은 습관은 무의식 속에 심는 씨앗과 같으며, 그 습관이 삶의 질을 결정한다.

마음의 새벽에서
숲을 걷는다

최근 몸과 마음이 폭풍처럼 휘몰아치는 격동의 변화를 겪고 있다. 생애 전환기인 갱년기의 문턱에 서게 되었다. 자연스러운 흐름임에도 이를 받아들이기가 쉽지 않다. 마음은 여전히 청춘이라 저항해 보지만, 나약해진 신체와 흔들리는 정신에 적응하는 과정이 필요했다. 단단했던 마음의 근육마저 변해가는 몸의 리듬에 맞춰 변화하고 있었다. 이제는 몸의 변화에 따라 흐름을 맞춰야 할 때가 온 듯하다. 갱년기라는 변화의 시기를 맞아 단순히 마음이 중요한 것이 아니라, 몸의 변화에 세심하게 귀 기울이고 돌보는 일이 가장 중요한 시기임을 실감한다.

가족과 함께 식사하거나 대화를 나누는 순간, 나도 모르게 마음속의 불편함이 말에 스며들어 나올 때가 있다. 작은 말 한마디로 상대에게 불편함을 줄 수 있고, 의도치 않게 마음을 상하게 할 때도 있다. 나는 감정을 드러내지 않고 말을 한다고 생각하지만, 가족은 내가 예전과 다르게 말투가 불편해졌다고 느낀다.

딸은 변해 가는 나를 향해 솔직하게 지적하며 말한다.

"엄마! 왜 그렇게 예민해."

"안 예민한데, 그냥 이야기하는 건데."

"아니, 별거 아닌 걸로 지금 짜증 내고 있잖아."

"내가?"

"그래! 엄마는 지금 화난 사람처럼 말하고 있어. 몰라?"

옆에서 지켜보던 아들이 덧붙인다.

"엄마! 요즘 엄마의 말투와 행동이 예전 같지 않아요."

평소 과묵한 아들의 말이 나를 돌아보게 만든다. 그들의 말속에서, 나는 의도한 것과는 다른 모습으로 가족에게 다가가고 있다는 사실을 알았다. 호르몬의 불균형이 감정과 생각을 필터 없이 드러내게 했고, 마음은 감정에 충실하게 거침없이 흘러갔다. 갱년기는 내 인생의 중요한 전환점이다. 이 시기를 맞아, 나 자신을 어떻게 변화시킬 것인지 깊이 생각해야 할 때임을 느낀다. 이 변화는 단순한 신체의 변화를 넘어 내면의 균형을 되찾고 나와 다시 소통하는 시간을 의미한다.

그 이후로 나는 피곤하거나 아프거나 혹은 게으름이 느껴질 때면 갱년기라는 이름에 살짝 기대어 보곤 했다. 갱년기는 단순한 핑계가 아니라, 내 인생에서 가장 중요한 변곡점이기도 하다. 새로운 삶의 방향으로 이끄는 정거장에 잠시 머물러 자신을 돌아보고 재정비할 기회이다. 갱년기가 시작되는 만 49세까지는 자식을 양육하고 가정을 위해 헌신하고 살아왔다면, 50세부터는 온전히 나 자신을 위한 날갯짓을 시작해야 할 때다. 이제는 타인을 위한 삶이 아닌 나를 스스로 양육하며 성숙시키는 삶으로 나아가야 한다. 이것이 바로 진정한 어른다움으로 가는 길이다.

어른다움이란 자기의 감정과 행동을 통제하고 조절하며, 지성을 바탕으로 균형 잡힌 삶을 살아가는 지혜를 겸비하는 것을 말한다.

호르몬의 변화로 자연스럽게 진행되는 노화는 신체의 퇴행이 아니다. 자신을 바라보고 사랑하며 아껴야 한다는 신호를 몸이 보내는 것이다. 우리 몸이 보내는 신호의 메시지를 인지하며 자신을 돌보는 시간을 가져야 할 때다. 살아온 습관은 사람을 쉽게 바꾸지 못한다. 흔히 '습관은 호랑이도 무서워 도망간다.'라고 말하듯, 50세를 넘어서면 변화의 문을 여는 일이 결코 쉬운 일이 아니다. 벼락같은 충격적인 동기부여가 있어야만, 그동안의 고정된 자아의 틀을 깨는 결단을 할 수 있다.

변화를 이루려면 최소 7년 동안 꾸준히 좋은 습관을 통해 자신을 길들이는 과정이 필요하다. 새로운 세포가 재생되는 주기가 약 6년을 조금 넘는다는 과학적 연구가 이를 뒷받침된다. 지속적인 노력과 인내를 통해 우리는 진정한 탈바꿈을 이루고, 삶의 변화를 이룰 수 있다. 단기적인 변화는 시간이 지나면 원래의 모습으로 돌아가기 쉽다. 익숙한 방식으로 돌아가는 것은 자연스러운 관성의 결과이며, 이를 벗어나지 못하면 반복적인 틀에 갇혀 살아가게 된다. 우리는 오감을 통해 경험하는 표면적 감각을 '나'로 착각하며 살아간다.

갱년기라는 전환점을 잘 맞이하기 위해서는 인생의 행간을 볼 줄 아는 여유가 필요하다. 그렇게 해야만 우리는 '나'라는 존재를 단지 주체적으로 경험하는 것이 아니라, 3인칭 시각으로도 바라볼 수 있다. 이 시기에 감정과 생각을 분리하여 자신을 객관적으로 이해할 수 있어야 한다. 여유를 갖지 못한다면, 물질이 주는 감각적 쾌락에 쉽게 매몰되고, 결국 자신의 본성을 잃는 순간이 찾아올 수 있다.

마음의 공간 없이 사는 삶은 본능에 이끌리기 쉽다. 물리적, 정신적 공간이 부족하면 본능적으로 눈앞의 자극에 반응하게 되며, 그 흐름을 따라가게 된다. 하지만 본능에서 한 걸음 물러나 이성적 자각을 알아차리고 의식적으로 행동할 때 비로소 진정한 삶을 지혜로 연결하여 통찰의 힘을 가지게 된다. 나는 갱년기라는 변화의 시기를 몸과 마음을 돌보는 에너지로 삼아, 새로운 의식의 세계로 나가려 한다.

『요가수트라』 경전에 따르면, 차크라는 우리의 몸과 마음을 연결하는 에너지의 중심점이다. 각각 인간 발달 주기에 따라 열리며 삶을 형성하는 데 중요한 역할을 한다. 특히, 49세는 7개의 차크라가 완성되는 시점으로 여겨지며, 여성에게는 갱년기가 시작되는 중요한 시기로 나타낸다. 이 시기는 신체적 변화에 그치지 않고, 정신적이고 영적인 변화를 끌어내는 시기를 가진다.

50세 이후부터는 차크라의 흐름이 다시 7번에서 1번으로 내려가며, 그 과정에서 우리는 감각에 대한 의존 상태에서 벗어나, 더 순수하고 본래의 나로 돌아가는 여정을 이어 가야 한다. 감각은 우리를 일시적인 쾌락에 몰두하게 만들 수 있지만, 그것에 매몰되면 우리의 진정한 자아를 찾지 못하고, 성숙한 어른으로 사는 삶을 살지 못할 위험이 커진다.

우리는 내려놓는 연습을 해야 한다. 우리는 세상에서 요구하는 기준에 맞추려고 하거나, 더 많은 것을 가지려는 욕망에 휘둘린다. 그러나 성숙한 어른이 되기 위해서는 그 욕망을 내려놓고, 내면의 평화와 균형을 찾아야 한다.

내려놓음은 단순히 물질적이거나 외적인 것을 포기하는 그것뿐만 아니라, 감정적으로도 자아를 고요하게 유지하며, 불필요한 부정적인 감정을 떨쳐 내는 과정이다.

우리는 통제와 조절을 잘하지 못하면 불안정한 감정 상태에서 '어른 아기'가 될 위험이 크다. 단순한 순수함을 넘어, 상처와 불만이 뒤섞여 폭발적으로 표출되는 상태를 의미한다. 불편한 감정이 자극되면 우리는 본능적으로 생존 모드로 전환되며, 내 것을 취하려는 강렬한 욕구를 유치하게 드러낼 수 있다. 이러한 행동은 결국 자신과 타인에게 해를 끼칠 가능성이 크다. 감정을 다스리고 통제하는 능력은 단순히 감정을 억누르는 것이 아니라, 이를 건강하게 표현하고 관리함으로써 성숙한 인간으로 나아가는 데 중요한 역할을 한다.

성숙한 어른이 되기 위해서는 감정을 조절하고, 성숙하게 표현하는 법을 배워야 한다. 감정이 자연스럽게 흐르고, 그것에 휘둘리지 않도록 하는 것이 중요하다. 감정의 폭발을 자제하고, 자신과 타인을 해치지 않는 방향으로 감정을 표현하며, 차크라의 흐름처럼 내면의 순수함을 회복해 가는 과정이 필요하다. 감정을 어떻게 다루느냐에 따라 우리의 삶의 질이 달라진다.

50세를 '지천명'이라 부른다. 이 시점에 우리는 삶의 깊이를 이해하고, 자연의 이치와 감정의 흐름을 제대로 인식하며 살아갈 힘을 길러야 한다. 자연의 이치를 이해하고, 감정과 마음을 통제할 수 있는 능력을 기르는 것이 바로 이 시점의 목표가 되어야 한다.

우리가 세상을 바라보고 삶을 경험하는 방식이 변화하는 시점에서, 의식적으로 살아가는 힘을 키우는 것이 지천명 이후의 성숙한 삶으로 나아가는 길이다. 몸과 마음을 깨어 있게 하고, 그 흐름을 따르며 의식적으로 살아가는 능력을 길러 보자.

오색으로 빛나는 마음 층에서 떠오르는 상념의 스위치를 끄고, 온전히 고요한 내면을 열어 마음을 환기시킬 때 비로소 내면의 빛이 스며든다.

> **나의 어록**
>
> 나를 가장 아끼고 사랑하는 맑은 빛이 되자. 그 빛은 내면 깊은 곳에서 뻗어 나와 얼굴에 아름다운 꽃을 피워 낼 것이다. 그 꽃의 향기가 타인으로 스며들 때, 세상은 좋은 향기로 퍼져 나간다. 나 자신이 곧, 사랑이다.

작은 것에서
행복을 찾는 지혜

2월 중순 끝자락, 차가운 겨울바람 속에서도 봄의 향기가 서서히 퍼지며, 계절의 변화를 우리 몸이 먼저 느끼는 순간이 찾아왔다. 두꺼운 외투가 조금씩 무겁고 답답하게 느껴졌다. 옷소매 사이로 스며드는 공기는 집에 머무르고 싶었던 마음을 길 위로 나아가고 싶은 마음으로 바꿔 놓는다. 계절이 그리움을 자극하며, 밖으로 나가고 싶은 충동을 일으키게 한다. 주말에 친구와 함께 물과 나무, 그리고 사람이 어우러진 선암 호수 공원을 찾았다. 예전과 달라진 모습이 다소 낯설었다. 코로나 이전엔 활기찬 사람들로 가득했던 그 장소는 이제 한적해져, 오가는 이들을 반기는 건 바람에 살랑대는 왕버들 나뭇가지뿐이었다. 행간의 여유를 즐기며 도란도란 모여 앉아서 이야기를 끓였을 쉼터에는 오래된 낡은 의자 하나가 홀로 남아 그 시간의 흐름을 보내고 있는 분위기였다.

건강을 위해 산책 나온 사람들은 저마다의 이유로 앞만 보고 걸음을 재촉하고 있고, 걸으면서도 휴대전화에서 눈을 떼지 않는 이들이 많았다. 무표정한 얼굴로 묵묵히 앞만 보고 걸음을 옮기는 사람들, 벤치에 앉아 휴대전화에 몰두하는 이들까지, 모두가 각자의 세계에 갇혀 있는 듯한 모습이었다. 조용히 오가는 사람을 바라보던 어르신들의 표정마저 어딘가 무심하고 공허해 보였다. 그런 표정들 속에 비치는 모습이, 어쩌면 지금 우리 삶의 한 단면으로 보였다. 바쁘고 효율을 중시하는 현대의 삶 속에서 우리는 종종 웃음과 생기, 그리고 영혼마저 잃어버린 듯한 느낌이 들 때가 많다. 이런 모습은 여유와 따뜻함이 우리 삶에 얼마나 소중한지를 일깨워 주는 순간이었다.

특히, 코로나로 인한 단절은 마음을 더 차갑게 만들었다. 단절 속에서 끊어진 연결 고리는 우리 사이에 유리 벽을 세웠다. 그 벽은 예전의 모습을 비춰 주지만, 마음과 마음을 이어 주는 온기는 전달하지 못한다.

불편한 감정을 벗어나기 위해 자연 속으로 한 걸음, 두 걸음 걸어 들어갔다. 숲에서 뿜어져 나오는 맑은 산소가 온몸으로 스며들자, 답답하게 뭉쳐 있던 마음이 서서히 풀리고, 맑고 환한 마음의 여백이 생겨났다. 열린 마음 속으로 재잘거리는 새소리, 출산을 앞둔 나무의 태동 소리, 바스락거리며 세상 밖으로 고개를 내미는 새싹의 움직임, 그리고 바람이 전하는 봄의 교향곡의 리듬에 맞춰 은은하게 퍼지는 호수의 물결처럼 나와 자연은 하나로 이어졌다.

봄을 알리는 전령답게 양지바른 곳에 활짝 핀 매화꽃이 자태를 뽐내며 지나가는 사람들과 벌 손님을 반기고 있었다. 코끝을 내밀어 매화 향을 맡아보려 했지만, 벌은 이 순간을 놓치지 않겠다는 듯 자리를 양보하지 않았다.

"어머! 어머! 세상에, 매화꽃 좀 봐. 벌써 이렇게 많이 피었어."

그 말을 듣고 친구도 놀란 표정으로 말했다.

"우리가 시간 가는 줄도 모르고 살고 있었나 봐. 이렇게 많이 피었는데. 뭐가 그리 바빴다고…."

우리는 사진을 찍으며 자연과 대화를 나누고 있었다. 그때, 전화 통화를 하며 지나가던 아주머니가 우리의 대화를 듣고 전화기 너머로 말했다.

"아이고야! 벚꽃이 피었단다."

우리는 웃음을 터뜨리며 다시 큰 소리로 말했다.

"아니에요. 벚꽃이 아니라 매화꽃이에요."

아주머니는 멋쩍은 미소를 지으며 고개를 끄덕이고는 통화에 다시 집중하며 걸음을 옮겼다. 눈은 타인을 향하고, 정신은 휴대전화에 쏠려 있으며, 하체는 묵묵히 걸음을 옮기는 모습에서 바쁜 시대를 살아가는 우리 삶을 고스란히 느낄 수 있었다.

여유 없이 빡빡하게 돌아가는 삶 속에서, 매화가 활짝 피어나는 이 시점에 우리 마음은 여전히 추위에 갇힌 외눈박이처럼 살아가고 있다는 생각이 스쳤다. 대중 매체를 통해 전해지는 봄 소식은 눈에 보이지 않는 바람과 은은한 향기를 담지 못한다. 우리는 시간의 흐름을 받아들일 뿐, 몸의 감각은 이를 알아차리지 못한다. 그러나 눈앞의 하얀 매화꽃이 피어오르는 생동감이야말로 진정 봄이 왔다는 현실감을 안겨 주었다. 사람은 자연의 품 안에서, 또는 결이 맞는 사람과 함께할 때 비로소 살아 있다는 행복과 편안함을 느낀다. 우리는 가슴 가득 봄을 끌어안으며, 흥분된 마음이 차분하게 가라앉을 때까지 그 순간을 음미했다.

호수를 둘러싼 활짝 핀 매화꽃을 눈과 마음으로 담기 위해 우리는 호수가 훤히 내려다보이는 카페의 창가에 자리를 잡았다. 요리 보고 저리 보고 매화꽃을 바라보며, 그 아름다움에 취해 있던 내 마음에는 어느덧 여운처럼 피어나는 시 한 구절이 떠올랐다.

「어느 비구니 스님이 지은 시」

봄을 찾으러 이 산 저 산 헤매어도
허탕 치고 집에 돌아와 후원 매화 가지
휘어잡아 향기 맡으니
봄은 벌써 가지마다 무르익었네

길을 걷다가 고요한 순간을 마주할 때, 자연은 우리에게 부드러운 곡선의 마음을 선물한다. 문명의 건설은 끊임없이 직선을 강요하며 마음을 조급하게 한다면, 자연은 삶의 리듬 속으로 우리를 조용히 초대한다. 길가에 소박하게 피어난 작은 들꽃을 찬찬히 바라보는 순간, 삶의 소중한 의미를 되새기게 된다. 그 고요한 아름다움 속에서 영혼은 속삭인다.

"이것이 행복이다."

나의 어록

바깥으로 향하던 마음을 잠시 멈추고 미소 지어 보자. 웃음은 이유가 있어야만
피어나는 꽃이 아니다. 먼저 미소를 지으면, 기쁨과 따뜻함이 우리 곁으로 다가
온다.

사랑을 풍성하게 만드는
꽃잎 사랑

올해 봄, 남편이 짙은 초록색 잎이 돋아난 상사화 알뿌리 한 뭉치를 들고 집으로 돌아왔다. 동료의 집 마당을 보수하다 캐낸 알뿌리라며, 꽃을 좋아하는 나를 위해 마당에 심어 주겠다며 자랑스러운 표정으로 말했다.

"이거 어디에 심어 줄까?"

나는 손짓으로 마당 한가운데를 가리키며 말했다.

"음. 저기 마당 한가운데 심어 주세요."

남편은 삽을 들고 와 알뿌리가 땅속 깊이 들어갈 수 있도록 구덩이를 팠다. 나는 엉켜 있던 알뿌리의 뿌리를 하나씩 정리해 가며 조금씩 나누어 심었다. 알뿌리를 심으며 말했다.

"얘들아! 올가을에 예쁜 모습으로 만나자."

그렇게 물을 주고 흙을 덮어 주며 작은 희망을 심었다.

봄과 여름이 지나고 가을의 서늘한 향기가 느껴질 즈음, '상사화가 이제 곧 피겠구나!' 하는 기대감에 마음이 설렜다. 나는 하루가 멀다고 마당에 심어 놓은 상사화 자리를 지켜보며, 작은 변화 하나라도 놓치지 않으려 했다. 피어오르는 순간을 함께하고 싶었다. 자연의 품에서 탄생하는 생명은 내가 낳지 않아도, 그 존재만으로도 신비롭고 생동감을 준다. 바라보는 것만으로도 충분히 축하할 일이다. 어리고 가냘픈 새싹이 스스로 땅을 뚫고 나올 때마다 대견하고 사랑스럽다. 빨리 만나고 싶어 마음이 설레면서도 한편으로는 불안한 예감이 들기도 했다.

사실 올해 봄에 남편은 나를 위해 색깔별로 겹 튤립을 쌍으로 심어 주었다. 봄비와 햇살, 그리고 따스한 공기의 조화 속에서 겹 튤립은 하루가 다르게 무럭무럭 자라나, 마당 한가운데 붉은색, 노란색, 분홍색, 보라색이 원형으로 어우러지며 각자의 자태를 뽐낼 준비를 했다. 그런데 이상하게도 보라색 겹 튤립 하나가 싹을 틔우지 못하고 있었다. 알뿌리가 잘못된 것은 아닌지 궁금해 호미를 들어 땅속을 확인해 보고 싶은 마음이 들었다.

남편은 말했다.

"시간이 되면 올라오겠지. 조금만 기다려 봅시다."

나는 조바심에 답했다.

"근데 다른 애들은 올라오는데, 이 아이만 안 올라오잖아? 뭔가 이상해."

결국, 참지 못하고 고집을 부리며 조심스럽게 알뿌리가 있는 자리를 파헤쳤다. 알뿌리는 살아 있는 색을 머금고 나를 반기고 있었다. 마치 세상 밖으로 나올 준비를 마친 듯했다.

"어머나. 아직 살아 있네."

남편은 빙그레 웃으며 말했다.

"그거 봐라. 조금만 더 기다려 보자니깐."

조심스럽게 다시 흙을 덮고, 우리는 마음을 다독이며 꽃이 스스로 피어날 때까지 기다렸다. 하루가 지나고, 이틀이 지나도 보라색 튤립은 소식을 전해 오지 않았다. 그사이 다른 색의 겹 튤립들은 돌아가며 활짝 피고 지기를 반복했다. 보라색 꽃만은 여전히 그 모습을 볼 수 없었다.

상태에 대한 궁금증을 참을 수 없어, 호미를 들고 다시 땅을 파헤쳤다. 그러나 알뿌리는 이미 썩어 녹아내린 상태였다. 남편은 한숨을 내쉬며 말했다.

"어이구! 네가 너무 신경 쓰고 스트레스 주니깐 죽어 버렸네." 남편의 말에 나는 잠시 씁쓸한 웃음을 지으며, 꽃이 피는 일에도 때론 조급함보다는 기다림이 필요하다는 것을 알게 되었다.

자연은 자신의 시간에 따라 조화를 이루며 피고 지는 순간을 기다려 주어야 했다. '성급한 마음으로 내가 알뿌리를 몸살을 앓게 했구나!' 하는 생각이 들었다.

조용히 잠든 시간 속에서 알뿌리는 탄생을 준비하며 모든 에너지를 응축하고 있었을지도 모른다. 그러나 내가 그 시간을 방해했기에, 알뿌리는 생명의 흐름을 잃어버린 듯했다. 자연의 순리에 순응하고 조화를 이룰 때, 우리는 그 안에서 마음의 치유와 평안, 그리고 위안을 얻게 된다. 그 회복의 힘으로, 우리는 다시 일어나 한 걸음씩 나아갈 수 있다.

봄에 겪었던 일을 떠올리며, 나는 이제 더는 자연에 인위적인 간섭을 하지 않기로 다짐했다. 자연은 아무리 춥고 더워도 그 절기에 맞춰 스스로 순환하는 법이기에, 나는 그 흐름에 맡기로 했다. 무덥고 뜨거웠던 여름의 햇살을 차분하게 가라앉히려는 듯, 가을비가 촉촉이 내렸다. 지붕 아래 있는 빗물받이에 부딪히는 가을비 소리는 마치 잔잔한 마음에 설렘을 일으키는 파동이 퍼져 나가는 듯한 울림을 전해 주었다.

나는 창문을 열고 자연이 불어넣는 생기 가득한 숨소리를 듣고 싶었다. 가을비에 젖은 꽃잎이 바람에 흔들리며 춤추고, 초록 잔디 위에 맺힌 진주 같은 물방울들이 가을의 정취를 한층 더해 주었다. 어제와 또 다른 느낌이었다. 문득 눈에 들어온 상사화 꽃줄기가 잔디 사이로 고개를 내밀고, 하늘을 향해 곧게 솟아 있었다. 마치 오래전에 떠난 사랑하는 벗이 돌아온 것처럼 반가운 마음에 버선발로 마당으로 뛰어나갔다. 이쪽저쪽, 마당 곳곳에서 비를 머금은 상사화 꽃줄기들이 하나둘씩 피어올랐다. 나는 그 신비롭고 사랑스러운 모습을 가만히 지켜보며 감탄에 젖었다. 그 순간순간의 탄생을 눈에 담으며, 모든 것을 추억으로 간직하려 애썼다. 블랙홀 안에 갇힌 듯, 시간은 천천히 흐르고 있었다. 상사화와 함께하는 이 고요한 시공간 속에서, 나와 꽃은 각자의 고유한 리듬에 따라 움직이고 있는 듯한 느낌이었다.

오늘, 힘을 다한 너의 소임이 아름답구나.

하늘의 눈물을 머금은 너의 붉은 꽃잎

살며시 드리운 기억의 시간을 품은 채

고독하게 피어오르는 너의 속삭임 속에

사랑과 그리움이 너와 함께 머물게 하네.

아침마다 창밖을 바라보며 붉게 핀 상사화의 꽃과 눈이 마주칠 때면 아름다움을 선사해 준 꽃들에 감사한 마음이 든다. 꽃송이 하나하나와 인사를 하며 '아름답다. 사랑스럽다.' 마음속에도 그 아름다움을 담아 꽃을 피워 본다.

너의 인연으로 삶을 본다.

너의 사랑으로 하루를 살아간다.

나의 어록

상사화는 사랑과 이별, 그리고 그리움의 마음을 담은 꽃이다. 그 꽃을 바라보며, 삶의 순간순간에 만난 인연들과 스쳐 지나간 사람에 대한 그리움을 느껴 보자.

도시 농부의
행복 레시피

　행복은 내게 목표가 아니라, 어떤 일을 하는 과정에서 스며들어 오는 설렘과 기쁨의 순간이다. 흙을 만지고 땀을 흘리며 일에 몰입할 때, 시공간의 경계가 사라지고 그 순간의 맑음이 진정한 행복으로 다가온다.

　나는 도시에서 직장 생활을 하며 어느덧 15년째 도시 농부로 살아가고 있다. 울산에 자리 잡고 나서야 농사일의 의무에서 해방될 수 있었다. 결혼과 출산, 아이를 키우며 시간이 흐를수록 그 해방의 자유는 차츰 무료함으로 변해 갔다. 그러던 중 남편의 회사 게시판에 주말농장을 분양한다는 공지가 올라왔다. 아이들에게 자연 체험의 기회를 주고, 우리 가족의 건강한 먹거리를 손수 길러 보는 좋은 기회라는 생각이 들었다.

　10평 남짓한 작은 땅에서 다양한 채소를 심고 가꾸며 내 마음도 함께 자랐다. 작은 공간이었지만, 아이들과 함께 땅을 일구고 거름을 더하며, 우리가 뿌린 씨앗이 식탁 위 음식이 되어 가는 과정을 직접 경험할 수 있었다.

몸이 자연스럽게 어린 시절 농사일을 떠올리며 움직였고, 모르는 점은 이웃 농부들에게 배우며 채소에 온 마음을 쏟았다.

작물이 싱싱하게 자랄수록 내가 해야 할 일도 늘어났다. 취미로 시작했던 텃밭 가꾸기가 점차 노동처럼 느껴졌다. 하지만 작은 씨앗이 흙 속에서 싹을 틔우며 자라는 모습을 바라보면 힘들었던 마음이 씻겨 내려가는 듯한 흐뭇함이 밀려왔다. 내가 정성을 쏟은 만큼 채소들도 하루가 다르게 자라났다. 그 생기 넘치는 기운이 나에게도 스며들었다.

해야 하는 일이 많아지면서 남편과 아이들은 힘들다며 서서히 손을 놓기 시작했다. 나는 혼자서도 밭을 가꾸며, 흙을 만질 때마다 샘솟는 도파민을 느꼈다. 내가 자연에 쏟는 사랑보다 자연이 나에게 돌려주는 사랑은 말로 표현할 수 없을 만큼 크고 넉넉했다. 방해받지 않는 나만의 놀이터에서 조용히 몰입하며, 일에서 오는 기쁨에 흠뻑 젖어 들었다.

그 해, 우리는 주말농장에서 두 번째로 성공적인 수확을 했다. 싱싱하게 맺힌 열매들을 이웃들과 나누는 일은 그동안의 고된 노력을 잊게 해 주었고, 수확의 보람을 더욱 깊게 느끼게 했다. 우리의 노력이 이렇게 결실을 보았다는 자부심이 진하게 다가왔다. 이 기쁨을 계속 이어 가고 싶다는 마음에, 우리는 다음 해에도 주말농장을 분양받았다. 심지어 한 직원이 포기한 분양권까지 함께 얻어 텃밭은 이전보다 훨씬 넓어졌다.

채소들이 자리를 넓게 차지하며 더 잘 자라는 만큼, 돌봐야 할 일도 두 배로 늘었다. 흙을 일구고 새싹을 가꾸는 과정에서 자연의 조화와 질서에 감탄하지 않을 수 없었다. 어느 하나 서두르거나 부족하지 않았다. 손끝에서 생명이 자라나는 일은 내 안에 있던 생각을 꺼내는 창의적인 연구처럼 느껴졌다. 잡초를 뽑고 씨앗을 뿌리며 손과 발이 부지런히 움직일 때, 내 마음은 연구하는 자세로 채소와 소통의 시간을 가졌다.

어린 시절에는 부모님을 도와 의무적으로 흙을 만지곤 했지만, 지금은 다르다. 내가 스스로 선택한 일에서 느끼는 자유와 즐거움이야말로 나를 행복하게 만드는 가장 큰 원천이었다. 그곳은 내가 주인이 되어 작물을 심고 수확하며 정성을 쏟는 장소다. 그 결과, 우리의 텃밭은 풍성한 수확으로 보답해 주었다.

이 텃밭은 작물을 기르는 공간을 넘어 나의 삶의 방식을 돌아보게 하는 곳이기도 했다. 종속적인 삶은 주어진 환경에서 순응하며, 그 울타리 안에서 편안하게 살아가는 삶이다. 하지만 주체적인 삶은 다르다. 새로운 환경을 만들어 가며, 한계 없는 가능성 속에서 자유로운 선택으로 나아가는 삶이다. 텃밭은 나에게 바로 그 주체적인 삶을 체험하게 해 준 장소였다.

때로는 내가 선택한 일이 힘들고 벅차게 느껴질 때도 있었다. 하지만 종속적인 삶의 경계에 부딪혔을 때, '자신감'이라는 도구를 꺼내 들고 그 경계를 넘어서야 진정한 주체적인 삶을 살 수 있다.

이 작은 땅은 나에게 자유와 책임, 그리고 자연이 주는 넉넉한 사랑을 깨닫게 해 준 곳이다.

가끔 채소들이 내어 주는 수확의 결실이 기대와 실제 결과 간의 차이로 실망을 주기도 한다. 하지만 화학제품을 사용해 결과에만 집착하기보다는, 자연 그대로의 방식으로 정성껏 돌본 끝에 얻어지는 결실이 나에겐 더 값지고 소중하게 다가왔다. 몸에 좋은 먹거리를 아는 낯선 손님들이 이 기회를 놓치지 않는다.

두더지, 굼벵이, 달팽이 같은 자연의 작은 친구들이 내 보물들을 슬며시 가져가기도 한다. 수확의 기쁨이 다소 덜어지는 듯하지만, 자연 속에서 함께 살아가고 있다는 사실이 주는 묘한 만족이 그 자리를 채워 준다.

"나쁜 두더지 녀석들!"

투덜대며 고구마를 캐다 보면, 신기하게도 두더지들은 우리가 먹을 양은 남겨 놓는다.

흙 속에 살포시 잠들어 있던 지렁이가 내 손길에 놀라 꿈틀대면, 낯선 객이 된 나는 조심스럽게 속삭인다.

"미안해! 미안해! 지렁이야." 지렁이가 다시 쉴 수 있도록 살며시 흙을 덮어 준다.

그렇게 자연의 친구들과 소곤소곤 대화를 나누다 보면, 혼잣말로 중얼거리는 내 모습은 마치 시트콤의 한 장면처럼 우스꽝스럽게 느껴지기도 한다. 그 속에서 웃고, 투덜거리며 쉼 없이 손을 움직인다. 허리 통증이나 근육의 피로도 잊은 채, 개운한 마음으로 잔잔한 맑음이 피어난다.

이 소소한 교감이 주는 행복은 이루 말할 수 없다. 흙 속의 생명과 나누는 대화 속에서, 그리고 자연과 함께 보내는 시간 속에서 나는 소박하지만 가장 충만한 행복의 한 조각을 찾는다.

삶은 어쩌면 만족을 배우는 과정일지도 모른다. 지금 내가 서 있는 이 자리, 내가 만지고 느끼고 사랑하는 이 모든 순간을 온전히 받아들이는 것. 살아 있다는 사실, 그리고 나의 손길이 닿은 곳에서 피어나는 작은 생명을 바라보는 마음에서 우리는 충만함을 느껴야 한다.

내가 가진 것들을 사랑하고 감사할 수 있을 때, 삶에 더 많은 것을 채우려 애쓸 필요가 없다. 소소한 교감 속에서 발견한 행복은 내게 이렇게 속삭인다.

"지금, 여기, 이 순간이 바로 네가 찾던 충만함이야."

행복은 내가 도달해야 할 먼 미래의 목표가 아니다. 흙을 만지고, 씨앗을 심으며, 자연과 교감하는 매일의 일상 속에 숨어 있다. 우리가 무심코 지나칠 수 있는 반복되는 일상 속에서, 그 소소한 보물들을 발견하고 느낄 때, 그 행복은 비로소 내 것이 된다. 텃밭을 가꾸는 손끝에서 뻗어 나가는 생명을 보며, 내 마음의 텃밭도 함께 일구어지고 있음을 느낀다.

> **나의 어록**
>
> 행복은 얻어야 하는 무엇이 아니라, 일상에서 발견해야 하는 작은 기적이다.

배움과
자아 발견의 여정

존 맥스웰의 『사람은 무엇으로 성장하는가』는 정말 많은 영감을 주는 책이다. 이 책은 성장의 원리를 이해하고, 자신의 잠재력을 발휘해 능력을 갈고닦아 인생의 변화를 돕는 내용을 담고 있다. '내 가능성을 세상에 펼치기 위해서는 무엇이 필요할까?'라는 의문을 제기하고, 15가지 성장 법칙을 읽으면서 '나'라는 사람을 깊이 들여다보는 시간은 너무도 소중했다. 그 과정에서 꾸준한 자기반성과 학습, 그리고 실천이 필요하다고 느꼈다.

'나는 무엇으로 성장하고 있는가?'라는 질문을 스스로 던지며, 내 안의 나에게 물었다. 어둠 속에서 피어오르는 지혜의 꽃에 마음을 묻고 몰입하니, '배움'이라는 단어가 내 머릿속을 가득 채웠다. 나는 부족한 양식을 채우기 위해 배움을 선택하며, 거친 태풍이 부는 바다에서 배를 조정하는 선장처럼 두려움 없이 나아갔다. 무의식 속에 잠재된 배움은 접점이 일치할 때 에너지의 흐름으로 한 단계 나아가는 배움의 고리에 연결된다. 몸으로 익힌 공부는 시간이 흘러도 몸이 기억하고 있다. 배움이 내 몸과 하나가 될 때, 지식이 쌓이고 깊은 깨달음을 통해 세상이 나의 놀이터가 된다. 새로운 지식을 담는 공부는 나의 첫 번째 가치가 되었다.

가치는 자기의 욕구를 만족하게 하도록 시간과 노력을 투여하는 것으로 생각한다. 나는 그 가치를 배움으로 삼아 세상의 의미를 알아 가고, 그 경험을 통해 다양한 맛과 느낌을 만끽하고 있다. 배움은 나에게 새로운 시각을 열어 주고, 세상과의 관계를 더욱 깊게 만들어 준다.

배움이라는 가치에 의미를 두는 이유는, 한 번뿐인 인생을 평화롭게 살고 싶다는 목적의식이 내재해 있기 때문이다. 편안한 삶을 주도적으로 이끌어 가는 힘은 외적인 배움보다 내적인 배움에서 발견되는 잠재력에 있다. 이 과정에서 배움은 중요한 역할을 한다.

요즘 세상은 마음만 먹으면 알 수 있는 정보의 바다이다. 페이스북, 카카오톡, 인스타그램 등 온라인 세상은 사람과의 대면 소통을 약화하고, 우리의 사고를 단순화하는 단점도 있다. 하지만 배움을 즐기는 사람에게는 시간과 비용을 절약하며, 궁금한 모든 텍스트 지식을 쉽게 찾아 생각 창고에 저장하는 편리함이 있다. 나는 이러한 편리성을 적극적으로 활용하고 있다. 지식은 쌓아야 맛이고, 지혜는 내려놓는 실천에 비밀이 담겨 있다고 믿는다. 이러한 과정에서, 배움이 단순히 정보를 얻는 것을 넘어 삶의 질을 높이는 중요한 요소가 된다는 것을 깨달았다.

속고 속이는 세상살이에서 받은 마음 상처를 스스로 치유하고, 좋고 나쁨을 분별할 힘 또한 배움에 있다. 무지의 용감함이 살아가는 힘이라고 생각했지만, 시간이 지나면서 그 고집이 배움의 부족에서 비롯된 것임을 알게 되었다. 배움을 통해 더 넓은 시각으로 세상을 보고, 내 감정과 판단을 더욱 명확하게 다룰 수 있게 했다.

사람들은 쉽게 찾을 수 있는 정보를 사람에게 의존해 물음을 던지는 경우가 많다. 검증된 정보에서 사실적인 근거를 확인하지 않고 오류를 범하는 경우가 빈번하다. 휴대전화로 검색하면 즉시 해결될 문제도 남에게 의지하는 것은 본인의 의지가 결여된 반복적인 행동 패턴의 결과이다. 이를 우리는 습관이라고 부르며, 습관은 때때로 귀신보다도 무섭다. 습관은 우리의 삶을 지배할 수 있고, 원하는 방향으로 나아가는 데 큰 방해가 될 수도 있다.

인지 능력이 부족하면 습관처럼 하는 행동을 인식하기 어렵다. 나도 그랬다. 배움의 성장을 위해 가장 먼저 필요한 것은 자기 인지이다. 그리고 그다음은 수용이다. 자신을 자세히 들여다보아야 비로소 나를 알 수 있고, 그 과정에서 인정의 변화를 경험하게 된다. 나를 이해하고 받아들이는 것이 결국 더 나은 나를 만들어 가는 길이다.

내 안에는 생각과 감정이 일어나지 않는 청정한 본성의 자리인 관찰자가 존재한다. 그 밖에는 우리가 보고, 듣고, 맡고, 먹고, 느끼는 오감과 생각, 감정으로 이루어진 행위자가 있다. '나'라는 사람과 친해지지 않으면 진정한 삶을 경험하기 어려우며, 다른 차원에서 길을 잃고 방황할 수도 있다.

진정한 삶은 관찰자와 행위자가 하나 된 마음으로 살아가는 것을 의미한다. 그러나 대부분 사람은 이 두 요소의 불일치를 겪으며 살아간다. 일치하지 못한 공간에서는 수많은 잡념이 이끄는 어둠 속에 빠지게 된다. 사람들은 의식의 흐름대로 산다고 말하지만, 혹시 욕망에 이끌려 보고 싶은 대로, 듣고 싶은 대로 나만을 위한 세상을 살아가고 있는 것은 아닐까? 이러한 질문은 나의 진정한 삶을 돌아보게 만드는 중요한 계기가 된다.

'나'라는 사람은 자기 자신을 잘 안다고 생각한다. 사실 남이 나의 모습을 더 잘 볼 수 있고 잘 알 수 있다. 나는 나를 거울에 비춰야만 진정한 모습을 볼 수 있다. 보이지 않는 마음의 눈으로 바라볼 때 진짜 나를 인지하며 알 수 있다. 인지한다는 것은 온전히 관찰에 몰입하는 것을 의미한다.

나는 배움을 통한 훈련으로 자의식을 해체하고 나쁜 습관을 좋은 습관으로 변화시키기 위해 노력하고 있다. 긍정적인 습관을 만들기 위해서는 항상 자각하는 삶을 살아야 한다. 자각 또한 훈련과 학습이 필요하다. 우리의 삶 자체가 지식을 배우고 실천하는 과정이며, 실천하지 않는 삶은 허상에 불과하다.

나의 최고 장점은 항상 배우려는 마음과 실천하는 태도이다. 배움에는 영혼의 배움, 육신의 배움, 마음의 배움이 있으며, 나는 이 세 가지를 균형 있게 습득하기 위해 노력하고 있다. 한쪽으로 기울어진 삶은 반드시 부작용을 초래하기 때문이다.

교육은 사람의 생각과 역사, 철학, 그리고 가치관을 성찰하고 삶을 음미하게 해 준다. 이러한 이유로 평생 교육이 필요하다. 교육은 나에게 자극제가 되어 내가 나아가고자 하는 방향을 제시하며, 동시에 쉼의 공간이 되기도 한다. 그 쉼의 공간에서 잠시 멈춰 모든 것을 내려놓은 마음을 비운 상태에서 나를 돌아볼 때, 비로소 현재의 내 상태를 객관적으로 바라보고 옳고 그름을 분별할 수 있는 자아 성찰의 시간이 된다.

지식만 쌓으면 오만해지고, 지혜만 추구하면 허공에 머물게 된다. 따라서 지식, 지성, 지혜가 조화를 이루는 삶을 살아야 한다. 새로운 배움의 설렘은 아직 경험하지 못한 나를 성장시키는 위대한 씨앗과 같다. 좋은 것에 가치를 두어야만 진정으로 가치 있는 사람이 될 수 있지 않을까 생각해 본다.

나의 어록

머리로 쌓는 지식은 한계가 있지만, 보이지 않는 지혜의 세계에는 한계가 없다.

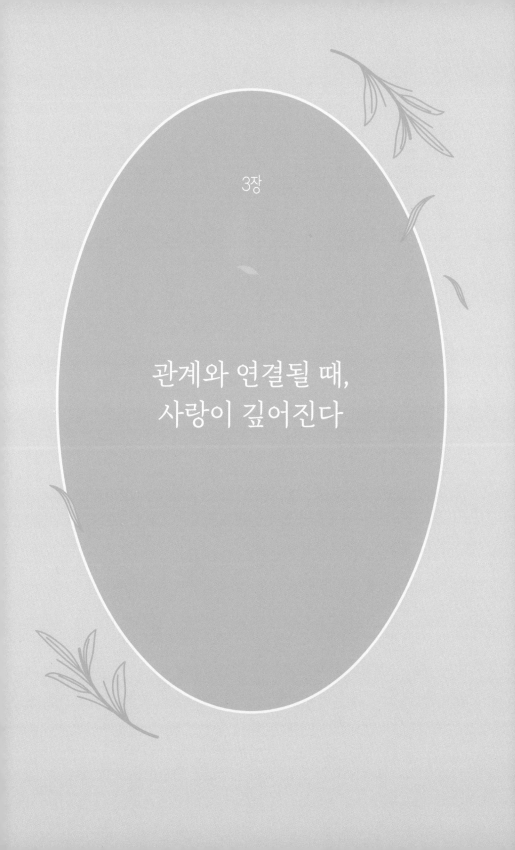

3장

관계와 연결될 때,
사랑이 깊어진다

삶,
의미의 빛을 따라

넷플릭스에서 실화를 바탕으로 한 영화 〈안데스 설원의 생존자들〉을 보았다. 이 영화는 1972년 10월 13일, 뉴스와 신문의 일면을 장식할 만큼 큰 화제가 되었던 우루과이 공군기 571편 추락 사고를 다루고 있다. 45명의 탑승객을 태우고 칠레 산티아고로 향하던 비행기는 안데스산맥에 충돌해 추락했고, 이후 72일 동안 생존을 위한 처절한 싸움이 이어졌다. 16명이 살아남는 극적인 과정을 보여 주는 이 영화는 인간의 강인함과 생존 본능을 다시금 생각하게 만든다.

이 영화를 보며 우리는 특별한 이유가 있어서 사는 것이 아니라, 그저 주어진 현실을 살아가는 것이 아닐까 생각하게 되었다. 자신이 처한 환경 속에서 삶을 어떻게 받아들이고 살아가는지가 무엇보다 중요한 것이다.

생존자들은 15일째 되는 날부터 생존을 위해 인육을 먹기 시작한다. '살기 위해 먹느냐? 아니면 비인도적인 행위를 거부하느냐?'에 대한 의견이

엇갈리며, 일부는 이를 거부한다. 그들은 언젠가 구조대가 올 것이라는 희망으로 버티고 있었다. 어려운 상황 속에서 연결된 라디오에서 수색 작업이 중단된다는 소식을 듣고 절망과 분노에 잠긴다. 그들은 단순히 살아남는 것이 아닌, 그들이 추구했던 인간다운 삶의 균형을 찾아야 하는 갈림길에 서게 된다.

그중 '누마'는 끝까지 인육을 먹지 않으려 했지만, 절친한 친구가 살아서 함께 돌아가자며 먹어 달라고 요청한다. '누마'는 친구의 눈을 바라보며 잠시 망설인 후, 인육의 한 조각을 입에 넣고 눈을 감고 몇 번 씹어 삼킨다. '누마'는 자신의 생존을 넘어서 살아남은 사람들을 위해 올바른 길로 나아갈 수 있도록 자신을 희생하며 최선을 다한다.

생존자들은 감정을 절제하며 부정적인 마음을 억누르고, 혼란스러운 상황과 공포 속에서도 서로를 위해 희생하고 협력하는 강인함을 보였다. 밤이 되면 기온은 −30도까지 떨어졌다. 그들은 혹독한 추위를 견디기 위해 돌아가며 밤마다 이야기로 불을 피웠다. 그 이야기들은 특별히 재미있거나 유쾌한 것들이 아니었다. 지극히 평범하고 일상적인 내용이었다. 이러한 평범한 이야기를 반복하며 서로를 향해 눈을 맞추고 웃음으로 온기를 나누었다. 평범한 일상들이 가장 소중한 시간이었다는 것을 깨닫게 된다. 흩어지는 에너지를 모아 두려움을 이성적인 용기로 바꾸는 소중한 시간을 만들었다.

그들은 '다시 살아서 돌아가면 가족과 함께 즐겁게 지내고, 맛있는 음식을 먹으며 평범한 일상을 살고 싶다.'라는 소망을 나눴다. 그들에게 있어 '내가 사는 이유'보다 더 중요한 것은 '우리가 함께 살아야 하는 이유'였다. 그 이유는 우정이라는 깊고도 따뜻한 사랑이었고, 그 사랑은 죽음을 초월한 강한 생존 의지로 빛났다.

공기, 눈, 인육 단 세 가지 생존 도구로 혹독한 추위 속 설원에서 살아남아야 했다. 자연은 예고 없이 눈보라와 산사태로 기지개를 켜며 그들의 생명을 위협했다. 마치 강인함을 시험하는 듯했다. 그러나 그들은 절망에 굴복하지 않고 주어진 환경에 적응해 위기를 기회로 바꾸며 끝없이 도전했다. 인간의 한계를 뛰어넘어 살아남고자 했던 그들은, 진정으로 위대한 존재였다.

생존을 위한 본능은 우리 내면에 깊게 자리를 잡고 있다. 그 본능은 때로 우리가 마주하는 시련을 통해 가장 빛나는 순간에 기적을 만들어 낸다. 명확한 목적이 설정되면 정신은 육체를 이끌어 그 목표를 향해 나아간다.

정신의 승리는 인간이 한계를 넘을 때 기적 같은 선물을 안겨 준다. 강한 목적의식은 때론 죽음조차 비껴가게 한다. 육체는 오랜 굶주림에 앙상한 나뭇가지처럼 변해 갔지만, 정신은 흔들림 없는 무장으로 마음의 근력을 단단히 다지며 희망의 끈을 놓지 않았다.

이 영화를 보며 죽음은 멀리 있는 것이 아니라, 늘 우리 곁에 가까이 머물고 있었다는 사실을 깨달았다. 가족이나 친구와 아웅다웅 다투고 미워하는 시간조차 사치처럼 느껴졌다. 사랑하고 품어주며 함께할 수 있는 시간이 얼마나 소중한지 절실히 다가왔다. 가족을 더 깊이 사랑하고, 그들의 삶을 진심으로 지지하며 살아가야겠다는 마음으로 이어졌다. 삶의 소중함과 함께하는 순간들의 가치를 다시금 느끼게 했다. 생존자들은 살아서 돌아가고 싶다는 간절한 마음을 품었지만, 누구도 특별한 삶을 추구하거나 호화로운 물건을 사고 쾌락을 추구하고자 하지 않았다. 그들은 미안하다는 말을 전하지 못한 아쉬움과 사랑한다고 표현하지 못한 마음의 안타까움을 느꼈다. 그들의 이야기는 가족과 친구와 함께하는 평범한 일상이 얼마나 소중하고 행복한지를 말하고 있었다.

죽음을 마주하게 될 때, 우리는 매일 주어지는 하루가 얼마나 가치 있고 고귀한 것인지 절실히 깨닫게 된다. 어떤 사람들은 반복되는 하루를 지루하고 따분하게 느낄 수 있지만, 다른 이들은 그 하루를 음미하며 바라보고, 작은 행동을 통해 변화를 만들고, 그 속에서 행복을 발견하며 살아간다.

삶에서 특별한 의미를 찾으려 애쓰는 것이 오히려 괴로움이 될 때가 있다. 삶은 무언가 특별한 의미를 강요하며 쫓기기보다는, 그 자체로 받아들이고 즐기며 나아갈 때 진정한 가치를 발견할 수 있다. 우리는 흔히 잘 먹고, 잘 자고, 잘 배설하는 기본적인 생리적 순환을 당연하게 여기지만, 사실 이 모든 것은 당연하지 않다. 먹지 못하거나 잠을 설치거나, 대소변 활동에 불편함을 느낄 때, 우리는 삶의 질이 얼마나 중요한지를 알게 된다. 자기 자신을 돌보는 일은 단순히 신체적인 건강을 챙기는 것을 넘어서, 생명 에너지를 원활하게 순환시키는 일이다.

사람은 생존을 위해 이기적으로 변하고, 때로는 욕망의 선을 넘어서는 탐욕이 일어나는 것이 본능이다. 그러나 '누마'는 그 본능을 초월한 삶을 보여 준다. 그는 구출되기 10일 전, 죽음의 순간이 다가오기 전에 자기의 몸이 다른 이들을 위해 쓰이게 해 달라고 친구에게 마지막 부탁을 한다. 친구는 희망을 잃지 말라고 하지만, '누마'는 고개를 흔들며 친구의 손을 꼭 잡아 준다. 친구는 '누마'의 희생이 헛되지 않도록 그의 살점을 챙겨 가슴속에 품고 생존자가 있다는 사실을 전하기 위해 먼 길을 떠난다. 그는 정신적인 한계를 넘어서는 의지로, 포기하지 않고 나아간다.

'누마'는 자신이 무엇을 못 하고, 무엇을 잘할 수 있는지 명확하게 파악하고 있었다. 또한 어떤 방식으로 자기 자신을 헌신할 것인지를 명확히 인지하고 있었다.

자기 수용이 정확하게 된 사람은 자연스럽게 이타심을 가지게 된다. 자기 수용은 자기애에서 시작된다. 자기애가 형성된 사람은 자신을 존중하고 사랑하며, 그로 인해 타인을 진심으로 사랑하고 배려할 수 있는 마음을 갖게 된다.

기록학자 '김익한' 교수는 이를 '공동체 감각'이라고 표현한다. 공동체 감각은 타인과의 관계에서 진정성을 가지고 살아가는 방법을 이해하는 중요한 가치이다. 자기애와 이타심이 조화를 이룰 때 우리가 속한 공동체와 진정으로 연결될 수 있음을 보여 준다.

타인을 위해 내 쓰임이 잘 사용될 때, 인간은 또 다른 행복을 경험한다.

타인과의 신뢰와 나 자신을 수용하는 감정이 서로 어우러지며, 그것이 공동체 감각을 이끈다.

나는 내 마음의 거울에 비친 나를 바라보며, 진정으로 자기 수용의 자세로 살아가고 있는지를 점검하는 시간을 가졌다. 나를 있는 그대로 수용하고 사랑하는 것은 단순히 개인적인 성장을 넘어서, 공동체와의 진정한 연결로 이어진다. 자기 수용과 이타심은 단절된 세상을 이어 주는 다리가 된다. 마음의 잔잔한 물결에서 윤슬처럼 아름다운 흐름이 존재의 감사함으로 다가온다.

나의 어록

"우리는 죽음을 마주했을 때, 삶의 진정한 가치를 깨닫는다. 삶이란 특별한 이유로 존재하는 것이 아니라, 어떻게 살아가느냐가 중요한 것이다."
_폴 K. 칼리

삶의 지도를
그려 나간다는 건

어느 날, 집 바로 앞산에 새로운 황톳길이 있다는 것을 알게 되었다. 반려견 봉팔이와 산책을 하던 중 낯선 사람들이 가파른 오솔길을 오르는 것을 보고 나도 자연스레 따라갔다. 오솔길을 따라 5분 정도 오르니, 넓고 평탄한 황톳길이 나타났다. 오가는 어르신에게 물었다.

"언제 이 길이 생겼어요?"

"여기 안 살아요?"

"바로 밑에 살고 있습니다."

"아이고! 그걸 몰랐어요? 군수가 군청 직원들과 주민들 건강 챙기라고 군청에서 연결해 만들어 놓은 길이오. 생긴 지 꽤 되었는데, 여길 자주 다니면 몸도 마음도 한결 가벼워진다니까."

나는 신발을 벗고 맨발로 황톳길을 걸었다. 발끝으로 전해지는 대지의 온기가 온몸에 퍼지고, 숲의 숨결이 내 호흡에 스며들었다. 흙의 차가운 느낌이 내 발바닥과 완벽히 맞닿아 하나가 될 때 느껴지는 벅찬 감동이 가슴을 채웠다. 바쁜 일상 속에서 눈앞의 아름다움을 얼마나 놓치며 살아왔는지를 떠올리며, 최선을 다해 온 나의 몸과 마음을 정화하고 스스로를 돌아보는 시간을 가졌다.

조금 천천히 걸으며 주위를 둘러본다면, 가까운 곳에 준비된 중요한 것들을 발견할 수 있다. 어쩌면 진정한 길은 늘 가까운 곳에 있는지도 모른다. 우리는 기회를 멀리서만 찾으려 하지만, 사실 가까운 곳에 숨겨진 보물들이 우리를 기다리고 있는 경우가 많다. 눈앞의 일들에만 매달려 먼 곳만 바라본다면 그 소중한 기회를 지나치기 쉽다.

지금, 바로 이 순간, 내가 걷고 있는 이 황톳길이야말로 가장 평화롭고 충만한 시간이 아닐까 생각해 본다. 숲은 언제나 그 자리에 있었지만, 우리가 무심코 지나쳤을 뿐이다. 우리가 찾는 행복은 먼 곳에 있는 것이 아니다. 바로 지금, 우리의 발아래 펼쳐진 이 순간 속에 담겨 있었다.

이제는 혼자만의 시간이 필요할 때마다 이 길을 찾는다. 황톳길을 맨발로 걸으며 숲의 고요와 신선한 공기를 온몸으로 느끼다 보면, 본래의 나로 돌아가는 기분이 든다. 천천히 걷는 동안, 주변을 살피지 못했던 과거의 나를 돌아보게 되고, 매 순간이 얼마나 소중한지 새삼 깨닫는다. 침묵 속에서 진리를 마주하는 법을 배우는 것, 그것이 우리에게 주어진 또 다른 선물인지도 모르겠다.

나무와 나무 사이로 이어진 터널 아래, 부드러운 흙이 발바닥에 닿을 때 느껴지는 감각은 마치 자연과 하나 된 일체감이다. 땅의 견고한 기운이 내 몸의 모세혈관을 타고 스며들며, 깊이 뿌리 내린 나무와 바위에서 흘러나오는 자양분을 흡수하는 듯하다. 이 에너지는 발끝에서부터 무릎, 척추를 타고 뇌까지 뻗어 올라가며, 온몸의 세포를 일깨운다. 몸이 충전되어 숲과 완전히 연결된 순간, 두려움은 사라지고 평온이 찾아든다.

우리 몸은 땅과 같다. 땅이 미네랄을 품고 있듯이, 우리 몸도 미네랄로 구성되어 있다. 맨발로 땅을 밟으면 건강과 안정감을 얻으며, 몸 안에 있는 전기를 대지에 연결할 수 있다. 이는 우리가 자연의 일부이기 때문이다. 우리가 생을 마감하면, 우리의 존재는 다섯 가지 요소로 흩어져 자연으로 돌아간다.

숲은 우리에게 혼자 있는 시간의 중요성을 조용히 일깨운다. 사람의 눈길이 닿지 않은 자연 속에선 나를 둘러싼 소음이 멈추고, 몸속에 쌓여 있던 긴장이 자연스레 풀려 간다. '혼자 있는 시간은 나와 만나는 시간이다'라는 말처럼, 혼자 있음은 단순히 외로움이 아니라, 자신과 온전히 교감하는 시간이다. 아무도 방해하지 않는 몰입의 순간은 지루함이 아닌 살아 있는 기쁨을 준다. 이처럼 홀로 서 있는 시간 속에서 나는 내면의 에너지가 새롭게 환기되는 경험을 한다.

마음은 고요하게 내면을 탐구하는 여정을 시작한다. 내 몸과 마음의 언어에 귀 기울이며, 영혼의 문을 열고 그 깊은 소리를 듣는다. 내가 심은 행위의 씨앗이 움트는 소리가 들린다. 그 씨앗이 건강하게 좋은 씨앗으로 자랄지, 아니면 그른 씨앗이 될지는 시간이 흐르고 환경과 맞물려 발아된 결과가 내게 답을 알려 줄 뿐이다.

안 좋은 결과의 씨앗이 발아되었을 때는 타인을 원망하기보다는 그 원인을 분석하고, 잘못된 부분을 찾아 나를 변화시켜야 한다. 나는 어릴 적부터 모든 문제를 스스로 해결해야 하는 환경에서 자랐다. 비난의 화살을 피하기보다는 내 가슴에 꽂고 많이 아파했다. 억누르기 어려운 감정이 터져 나올 때면 자책과 자신을 향한 처벌로 아픔을 삼켰다. 문제가 비대해질수록 포기하고 싶은 유혹도 있었지만, 나는 포기 대신 자기 성찰을 통해 스스로 생존 방법을 터득했다.

결코 좋은 방법은 아니었다. 나의 성품은 그런 환경에서 형성된 하나의 형태일 뿐이다. 울분과 아픔이 있을 때, 그것을 밖으로 소리를 내어 뱉어 내지 않으면 마음의 병이 생길 수 있다. 우리는 각기 다른 DNA를 가지고 태어났다. 울분을 내면에 담아 두는 물질이 되어서는 안 된다. 우리는 자신의 감정을 건강하게 풀어낼 방법을 찾아야 한다.

울분이 터져 나올 때면 숲을 향해 걸어가라. 자연은 우리의 모든 이야기를 들어주고, 따뜻하게 안아 준다. 숲속의 모든 생명은 어떤 대가도 바라지 않으며, 비난이나 판단 없이 그 자체로 우리를 포용하며, 조화롭게 존재하는 것을 원한다.

세상에서 가장 중요한 것은 타인이 아닌, 바로 나 자신과 조화로운 관계를 맺으며 내면의 길을 걸어가는 것이다. 그렇게 평화와 균형을 찾아간다.

이 과정에서 나는 자연스럽게 나를 소모시키는 관계들과 인위적인 연결을 끊고 거리를 두기 시작했다. 이해관계로 얽힌 관계 속에서 내 마음과 몸의 균형이 흐트러진 것을 깨달았을 때, 나는 모든 관계를 잠시 내려놓고 나자신을 돌보며 치유할 시간을 가졌다. 그 시간은 억눌린 감정들을 차분히 들여다보고, 상처 난 부분을 하나하나 되짚어 보는 시간이었다. 그렇게 점차 내 삶의 리듬을 회복하며, 나를 더 깊이 이해하는 시기로 변해 갔다.

혼란스러운 마음속 작은 가지들을 하나씩 잘라 낼 때 두려움이 스며들었지만, 용기를 내어 계속해서 가지를 쳐 나갔다. 그 과정에서 내면의 복잡함이 조금씩 정리되고 있음을 느꼈다. 마음의 짐을 덜어 내자 한결 가벼워졌다. 그 자리에 담백한 평온이 찾아왔다. 내가 붙잡고 있던 무수한 걱정과 불안들이 사라지자, 마음이 맑아졌고 내면이 유연해졌다. 그제야 비로소 나는 나만의 속도로, 나만의 방식으로 살아갈 수 있다는 자유를 느꼈다. 외부의 기대나 압박에 휘둘리지 않고, 맑고 단순한 삶에 집중할 수 있게 되었다.

마음을 단단하게 다듬어 가며 어두운 안개가 걷히고, 명료해진 시야 속에 해결의 길이 조금씩 모습을 드러냈다. 이제 그 길 위에는 두려움이 사라지고, 오로지 확신에 찬 가벼운 발걸음만이 남았다. 나는 영혼의 가벼움을 느끼며 그 길을 한 걸음씩 차분히 내디뎠다.

발바닥에 닿는 땅의 단단한 지지와 안정감이 온몸에 부드러움과 풍요로움을 흐르게 한다. 세포들이 생동감에 겨워 춤을 추는 듯하다. 자연의 향기를 품은 바람은 내 마음속 버려야 할 감정을 조용히 실어 멀리멀리 흩어 보낸다. 땅의 기운에서 느껴지는 느린 진동이 몸 구석구석 파장을 일으켜, 무거운 긴장이 사라진다. 나는 자연과 하나 되어 중력에 순응하며 여유가 있는 마음을 느낀다.

'혼자 있는 시간을 즐겨라.' 나를 돌보는 일은 바로 그 시간에서 시작된다. 혼자 있지 못하면 누구와 함께 있어도 진정으로 교감할 수 없다. 천천히 숲길을 걸으며, 나는 내 삶의 중심에 선다. 몸과 마음의 균형이 맞춰지는 이 순간, 나의 삶의 지도를 그려 나가는 또 하나의 점을 찍는다.

> **나의 어록**
>
> 현재를 살고 있다는 것은 두려움이 없는 마음이다. 나를 초월할 때, 두려움은 사라지고 진정한 자유를 느끼게 된다. 그 자유는 오직 '혼자만의 시간'을 가질 때 찾아온다.

내 마음의
가면을 벗다

2022년 8월, 내 우주 안에 굵은 낙하산을 타고 낯선 이가 들어왔다. 나는 그를 향해 '어서 나가!'라고 밀쳐 내고 싶었지만, 종속 계약으로 맺어진 울타리 안의 나는 그럴 힘이 없는 나약한 존재였다.

낯선 이가 오기 며칠 전 대표는 나를 불러 간결하게 그의 이력을 읊어 주었다. 그것은 마치 정해진 순서처럼 차갑고 단조로웠다.

"며칠 있으면 오랫동안 알고 지낸 친한 동생이 새 팀장으로 올 거니깐. 일 잘 가르쳐 주고 업무 협조 잘 해 줘. 대기업에서 영업 담당을 했으니 성격도 좋고 일도 잘할 거야."

대표는 권위적인 어조로 통보하듯 말했다.

내 머릿속은 천둥에 맞은 듯 멍했고, 영혼은 밖으로 나가 헤매고 있었다. '이게 뭐지!' 하는 생각이 맴돌며, 저절로 헛웃음이 나왔다. '그래! 나도 낙하산인데, 무슨 불만이 있겠어. 주어진 일만 열심히 하면 되는 거지. 그래!

괜찮아!' 끓어오르는 마음을 억지로 달래며 자신을 타이르려 했지만, 그 속에 자리 잡은 허탈감, 짜증 그리고 치밀어 오르는 분노와 배신감은 마음속 깊이 박혀 나를 마비시켰다.

대표와 나는 학교라는 공동체에서 서로의 필요로 인해 맺어진 비즈니스 관계였다. 내가 열정과 노력을 들여 7년 동안 일궈 온 이 회사에 아무런 노력 없이 누군가가 사리를 차지하는 모습을 보니, 마치 내가 쌓아 온 모든 것이 한순간에 무너지는 느낌이 들었다. 그 충격에 온몸이 나른해지고, 나도 모르게 힘이 빠졌다. 일에 대한 의욕마저 사라졌다.

믿음으로 쌓아 온 우정에 금이 가는 서운함이 몰려왔다. 나만 믿음이 있는 관계라고 생각한 것은 아닌지, 스스로에 대한 의심이 들었다. 회사는 결국 필요에 의한 이해관계로 이루어진 조직이다. 그 현실을 넘어서서 일한 내 마음에 상처가 컸다. 인정받지 못한 가치의 실현은 자책감으로 이어졌다. 마치 소모품처럼 대우받는 기분이 들어 불쾌감을 느꼈다.

"혹시 내가 나갈 준비를 해야 하는 건지요?"

대표는 "자기야! 그건 아니고, 회사가 앞으로 커질 것 같아 준비하는 거야."

그녀는 진심으로 말했을지도 모르지만, 그 말은 내게 깊이 와닿지 않았다. 나는 더 할 말이 없었다. 회사가 성장하면서 업무량이 늘어났지만, 한편으로 나는 회사의 중요한 내부 업무를 혼자 책임지며 막힘 없는 자유로운 권한을 누리고 있었다. 그 자리는 많은 책임이 따르면서도 나에게 버겁지 않았고, 때로는 완장을 찬 듯한 통쾌한 기분을 느끼기도 했다. 가끔 스트레스로 지칠 때도 있었지만, 이를 성장의 열정페이로 여기며 긍정적으로 생각하려 했다.

단계를 차례대로 밟아 가야 하는 중급 위치를 건너뛸 수 있었던 덕분에, 나는 목소리를 크게 내도 부담이 없었다. 회사의 전반적인 일을 두루 살피고 업무 시스템이 미치는 영향을 파악하고 조정하는 위치였다. 업무를 해결하는 권한은 막힘 없이 직진할 수 있는 길과 같았다. 그 완장을 내려놓아야 한다는 생각이 머리를 지끈거리게 했다. 프리패스권을 반납하고 검열을 받을 준비를 하라는 것은 어쩌면 내가 곧 폐기 처분될 신호일지도 모른다. 성별의 차이로 밀려난다는 서운한 마음이 스며들었다. 권력의 세계는 치졸하고 폐쇄적인 인간의 본성을 적나라하게 드러내고 있었다. 그 속에서 '나도 결국 그런 사람이었구나!'라는 씁쓸한 깨달음을 느끼게 되었다.

이방인은 출근하자마자, 자신의 자리를 찾기 위해 어색하고 차가운 공기를 순환시키며 분위기를 띄우는 놀이를 시작했다. 영업이라는 업무 덕분인지, 많은 사람으로부터 받은 스트레스에 단련된 듯 잦은 실수도 능청스럽게 넘기는 넉살이 있었다. 우리는 보이지 않는 대표의 끈을 놓지 않으려 서로 밀고 당기며 힘겨루기를 하는 듯했다. 시간이 흐르면서 긴장의 연속에서 지친 몸과 마음은 마치 너덜거리는 걸레 같았고, 정신적으로 쇠약해져 갔다. 나는 재정비가 필요하다고 느껴 한 발짝 물러섰다. 힘이 빠진 마음속에서 사나운 감정이 가라앉자, 이방인의 얼굴이 명료하게 보였다. 그 순간, '측은지심'이 솟아올랐다. '혹시나 우리 집 가장의 모습은 아닐까' 하는 생각이 머릿속에 스쳐 지나갔다.

이방인은 가장의 무게를 감당하기 위해 치열한 사냥터에서 반드시 먹이를 가져와야 한다는 책임감으로 싸우고 있었다. 양보할 수 없는 생존의 문제 앞에서 그는 물러설 생각이 없었다. 생존의 관점에서 보면, 선택은 오직 두 가지뿐이었다. 물거나 피하거나.

항상 삶을 지지하는 사람이 되겠다고 다짐했던 나는, 그의 억지스러운 행동을 단순히 볼썽사나운 것으로만 여겼다. 그러나 나도 모르게 안 좋은 감정에 휘둘리며 마음의 균형을 잃고 싸움닭처럼 변해 갔다. 그 과정에서 내 생각의 오류가 서서히 드러나기 시작했다. 제정신으로 돌아온 듯한 기분이 들었다. 진폭이 없는 삶에 고마워해야 할 내 마음은 어디론가 사라지고, 하나의 결핍에 매달린 자신을 진흙탕 속으로 밀어 넣고 있었다. 나는 무엇을 더 가지기 위해 이렇게 욕심을 부리고 있는가? 감정에 휘둘리지 않고 자비로운 마음을 갖기 위해 수련한 나는 어디에 있는가? 나는 자만에 취해 자신을 잃어버렸다. 철없는 어른아이처럼 유치하고 너그럽지 못한 생각으로 억지를 부린 자신이 부끄러웠다. 내려놓고 보면, 별것도 아닌 자리 싸움에 내 양심을 스스로 짓밟고 있었다.

이방인은 내 마음공부에 있어 어른다운 마음의 근육을 단련하게 해 준 존재였다. 그는 항상 나를 자각하게 했다. 세상은 언제나 내가 만나고 싶은 사람만 만날 수 있는 곳이 아니며, 때로는 맞지 않는 사람을 만나는 일이 더 많다. 그런 관계 속에서 마주치는 마음의 부딪힘을 이겨 내기 위해서는 유연성이 필요하다. 네모는 네모답게, 세모는 세모답게 곡선의 마음으로 그저 있는 그대로 보는 법을 배워야 한다. 그런 인정의 마음이 내 안에서 꽃을 피우기 시작했다.

내 양심은 나에게 외쳤다. "네게 맞지 않는 가면을 벗어 던져라."

이방인은 그저 자신의 삶을 살아가는 것이고, 나는 내 삶을 다시 정리하고 정돈하면 된다. 마치 어두운 구름이 파란 하늘을 가리고 있었을 뿐, 하늘은 여전히 그 자리에서 광활하게 펼쳐져 있다는 것을 깨달았다. 내가 가진 명예, 권력 그리고 돈이 곧 '나'라고 착각했기 때문에 힘들었다. 모든 것은 변하고 사라지지만, 중요한 것은 내 마음자리는 영원하단 사실이다.

"무엇이 중한디?"

편안한 마음자리를 보며, 인연에 연연하지 않고 흐르는 강물처럼 모든 것을 그냥 흘려보내자. 강물이 끊임없이 흐르듯, 나의 마음도 외부의 영향을 받아들이며 지나가는 모든 감정과 상황을 인정하고 수용할 때, 어디에도 집착하지 않을 수 있는 여유를 가지게 된다.

> **나의 어록**
>
> 육신은 유통기한이 있지만, 내 마음은 그 어떤 것도 가로막을 수 없는 시간의 흐름 속에서 영원히 존재한다.

비상,
세상을 향한 날갯짓

자식은 삶의 스승이라고 말한다. 나에겐 아들과 딸, 두 명의 소중한 스승이 있다. 부모와 자식으로 만나게 된 운명의 씨앗이 작은 점에서 시작해, 여성의 자궁에서 40주간 자라며 인간이라는 완성된 존재로 태어난다. 이 과정에서 여성은 무에서 유를 창조하는 경이로운 진화의 경험을 한다. 임신 기간에 우리는 '1+1=1, 1+2=1'의 신비로운 삶을 살며 한 몸으로 연결된다. 그러다 출생과 함께 분리되어 '1+1=2' 또는 '1+2=3'으로 각자의 개체성을 지닌 존재로 성장한다. 처음 '엄마'라고 불리기 시작하면서, 호칭이 늘어날수록 삶의 무게가 커진다는 사실을 그때는 미처 몰랐다. 아이가 태어난지 한 달 이내에 이름을 지어 주고, 출생 신고를 통해 사회의 한 구성으로 인정받게 된다.

출생과 동시에 여전히 자식을 내 분신처럼 여기며 온 마음을 다해 사랑으로 키웠다. 소중한 '내 것'이라는 착각 속에서 자식을 나의 연장선처럼 생각하며 살았다. 마치 온실 속 화초처럼 거센 바람이 닿지 않도록 막아 주고 목마르지 않게 물을 주며, 모든 시선과 관심은 오로지 자식에게 쏟았다.

딸아이가 초등학교 5학년쯤 되면서 사춘기가 일찍 찾아왔다. 자기주장이 강해지기 시작하면서 우리의 사이에는 점차 틈이 생기기 시작했다.

"엄마! 나 친구들이랑 마미 분식집에서 떡볶이 먹기로 했어. 돈 좀 줘!"

"학교 마치고 학원 가야지, 무슨 분식집이야!"

"오늘은 학원 안 갈 거야. 친구들이랑 떡볶이 먹고 개미 놀이터에서 놀기로 했어."

"안 돼! 수학 학원 갔다가 놀면 되잖아."

"친구들이랑 약속 다 해 놨는데 지금 안 된다고 하면 어떡해!"

내 잔소리는 통제와 관리의 일환으로 거칠게 튀어나왔고, 딸은 반항적인 태도로 맞섰다. 실망과 서운함이 담긴 말들이 서로에게 상처를 주었고, 불통의 메아리가 깊어지면서 우리 관계는 점점 악화하였다.

자식에게 꽃길만 걷게 해 주고 싶은 마음으로, 나는 그들의 인생을 내 생각대로 그려 가려 했다. 어릴 때는 시키는 대로 잘 따라 주었고, 좋은 결과를 내어 주니 서울대에 갈 수 있을 거란 욕심도 생겼다. 하지만 자식이 성장하면서 점차 기대와는 다른 방향으로 흘러가며 자신의 길을 찾아가려 했다.

"엄마는 왜 내 인생에 간섭해? 내 인생이잖아, 좀 내버려 둬!"라는 딸의 말이 가슴을 콕콕 찔렀다. 서운함과 아픔이 밀려오고, 마음 한구석에서는 '너를 어떻게 키웠는데…' 하는 생각이 가득했다.

칼 융의 말처럼, '자식은 부모의 소유가 아니라 세상에 내어 줘야 하는 사랑의 열매'라는 것을 나는 받아들이지 못하고 있었다. 자식을 품고만 싶은 집착의 끈이 내 마음을 단단히 묶었다.

중학교 2학년이 되자 딸아이는 '중2병'이 깊어졌고, 더 심한 반항기로 들어섰다. 학교에서는 문제아로 분류될 만큼 일탈이 심했고, 성적은 바닥을 쳤으며, 학원에 가는 날보다 빠지는 날이 많아졌다. 그저 딸의 행동 하나하나가 내 속을 뒤집는 듯한 고통을 안겨 주었다.

고등학교에 입학해 사흘 만에 담임선생님에게서 전화가 왔다. 딸의 복장과 머리카락 상태가 학교 규정에 맞지 않으니 수정이 필요하다는 얘기였다. 중학교를 졸업하고 방학 동안 붉게 탈색했던 머리카락 색이 문제였다. 흑색으로 염색하려 해도 탈색된 머리는 쉽게 검은색으로 물들지 않았다. 나는 여러 차례 염색을 시도했지만, 기대한 만큼 되지 않았다. 며칠 후, 다시 학생부장 선생님의 전화가 걸려 왔다.

이렇게 시작부터 삐걱거렸던 딸의 고등학교 생활은 2학년이 되면서 절정에 달했다. 친구 관계에서 어려움을 겪으며 서로 왕따를 시키고 당하는 상황이 반복되었다. 남에게 상처를 줄 때는 그 고통을 제대로 몰랐던 딸이었지만, 자신이 당해 보니 그 아픔이 너무 커서 견디기 힘들어했다. 결국, 학교 가는 것이 너무 힘들다며 전학을 요청했다.

"빈아! 전학보다는 차라리 자퇴는 어때? 검정고시로 가는 것도 하나의 길이잖아."

생각지도 못한 내 말에 딸은 깜짝 놀라며 물었다.

"엄마, 진심이야?"

솔직히, 그때 정말로 진심이었다. 학교의 중요성보다도 딸이 나에게 보여 준 태도에 더 무거운 마음이 갔다. 새로운 학교에 간다고 해도 유대가 이미 단단하게 형성된 환경에서 딸이 친구를 사귀고 적응하기는 쉽지 않을 것 같았고, 무엇보다 태도가 변하지 않으면 같은 문제가 반복될 것이라는 생각이 들었다.

딸은 스스로 한 사람의 인격체로 존중받고 싶다는 메시지를 행동으로 나에게 전하고 있었다. 나는 자식을 나의 기준에 맞추려 일방적인 방식으로 관계를 맺으려 했다. 진정한 연결을 위해선 딸과 나 사이에 적정한 거리를 유지하며 기다릴 줄 아는 지혜가 필요했다. 신뢰와 공감을 기반으로 서로의 가치와 차이를 인정하는 과정은 쉬운 일이 아니었지만, 집착의 끈을 내려놓을수록 마음의 여유가 생겼고, 그 여유는 나에게 생각의 자유를 주었다. 여백 속에서 내면을 더 깊이 돌아보고, 딸을 있는 그대로 존중하고 받아들이는 법을 배웠다.

딸은 나에게 애착의 끈을 조금씩 풀어야 비로소 서로가 온전히 살아갈 수 있음을 강한 에너지로 표현하고 있었다. 시간이 흐르고, 크고 작은 일들을 함께 겪어 가면서 우리는 서로 성장하고 있었다. 이제 우리는 어제보다 조금 더 성숙한 관계로, 서로를 존중하며 이해하는 방향으로 나아가고 있다. 그녀가 자율적으로 날갯짓할 수 있는 자유를 주는 것이야말로 진정한 사랑이었다.

'자식은 내 삶에서 어떤 의미로 품어야 하는가?', '자식 자랑은 과연 누구를 위한 것인가?'라는 질문을 자신에게 던지며, 나만의 답을 찾는다.

혹독한 반항기를 지나, 이제 딸은 자신의 길을 스스로 가꾸며 한 송이 아름다운 야생화로 피어나고 있다. 다른 친구들과는 다른 경험을 통해 얻은 자유는 오히려 약이 되어, 이제는 올바른 길을 걸어가고 있는 모습에서 빛나는 맑음을 느낄 수 있었다.

'사랑은 소유가 아닌 존중과 믿음 속에서 꽃핀다.'라는 괴테의 말처럼 20대 초반이 된 딸에게 질풍노도의 시절을 이야기하면 그녀는 웃으며 말한다.

"엄마! 내가 그랬다고? 기억이 안 나는데."

그렇게 우리는 서로를 존중해 주는 좋은 관계로 돈독하다. 딸은 나에게 말한다.

"엄마들 얘기 들어 보면 나이 들수록 딸과 친구가 된다잖아. 엄마도 딸이 친구라 좋지?"

"그래, 나도 딸 친구가 있어서 너무 좋아."

어쩌면 인생의 진정한 친구를 만나기 위해 그 모든 과정을 겪어야 했는지 모르겠다. 달라이 라마의 말처럼, "우리는 자식에게 뿌리를 주되, 스스로 날아갈 수 있는 날개도 줘야 한다."

진정한 날갯짓이란 부모의 보호와 영향 속에서만 머무르지 않고, 자신의 힘으로 삶을 개척해 나가는 여정이다. 부모의 가치와 생각을 뛰어넘어 자신만의 길을 찾아 떠나는 여행의 과정이며, 자신을 향한 믿음과 용기를 바탕으로 한 번도 가 보지 않은 세계로 날아오르는 것이다. 단지 멀리 가기 위한 수단이 아니라, 한 개인으로서 자유롭게 성장하고, 자신만의 속도와 방향으로 비상해 나가는 길이라 할 수 있다.

나의 어록

아픔 없는 삶은 없고, 눈물 없이 흘러가는 인생도 없다. 자식은 씨앗과 같고, 부모의 눈물은 그 씨앗에 내리는 비가 된다. 눈물은 씨앗을 자라게 하고, 씨앗은 눈물을 머금으며 자신의 길을 찾아간다.

아들에게 전하는
삶의 철학

아들아!

'우리는 어디에서 왔을까?' - 윤리관

'우리는 누구일까?' - 존재관

'너는 어떤 사람이 되고 싶니? 그리고 어떻게 살아가고 싶니?' - 세계관

우리는 수많은 별 중 지구라는 행성에 태어나 동시대를 살아가고 있다. 윤리관, 존재관, 세계관이라는 큰 틀에서 시작되는 인문적 탐구가 진정한 삶의 출발점이 되기도 한다. 사람은 탄생에서 죽음에 이르는 여정을 통해 생명 활동을 경험한다. 우리는 때때로 영원히 살 것만 같은 착각에 빠지지만, 결국, '우리는 죽는다.'라는 명제는 변하지 않는 진리다. 그렇기에 우리는 자신의 삶을 깊이 사유하며 살아가야 한다는 결론에 이른다.

죽음이 우리에게 주는 의미는 '어떻게 살아가야 하는가?'라는 질문을 깊이 있게 음미하게 한다. 우리가 어떤 삶을 살아왔는가는 필연적으로 죽음

과 연결될 수밖에 없다. 누구나 아름다운 죽음을 맞고 싶어 한다. 이를 위해서는 몸과 마음의 순환을 유지하며 항상 깨어 있는 의식으로 삶을 대하는 태도가 중요하다.

자신의 가치와 철학을 중심으로 주체적인 삶을 살아간다면, 품위 있는 존엄한 '웰다잉'으로 삶을 아름답게 마무리할 수 있다고 생각한다. 주어진 현실에 허덕이며 그저 흘러가는 대로 사는 삶은 진부하여 성장하지 못한 지루함으로 내면에 통증을 느끼게 마련이다. 반면, 계획을 세우고 깊이 생각하며 살아가는 삶은 마치 허물을 벗어 던지듯 끊임없이 새로운 모습으로 나아가며 성장의 뿌듯함을 선사한다.

'목적이 있는 삶은 끝없는 여행과도 같아서 매 순간 새롭게 창조된다.'라는 파울로 코엘료의 말을 연결해 본다.

주체적인 삶을 살기 위해서는 자기 성찰의 시간이 필요하다. 자기 자신을 있는 그대로 바라보고, 분석하며, 반성하는 과정을 통해 자신의 윤리관, 존재관, 세계관을 하나로 연결할 수 있다. 그렇게 '나'라는 사람을 온전히 마주하게 될 때, 우리는 우주에서 가장 소중한 존재로서 자존감과 자신감, 자부심을 피워 낼 수 있다. 이 깨달음을 온전히 받아들이는 순간부터, 참다운 인생을 향해 명확한 목표와 의미 있는 삶을 살아가게 된다. 그 과정에서 '자유 의지'라는 숭고한 힘이 발현된다. 이는 남과 같은 패턴의 삶이 아닌, 나만의 고유한 코드를 꺼내어 오직 나를 위한 인생을 창조해 나가는 삶의 시작이기도 하다. 각자의 우주관 속에는 오로지 자신만이 존재할 뿐, 나머

지는 객이기 때문이다.

아들아!

소중한 자신을 지키기 위해서는 마음가짐이 드러나는 자세, 즉 태도가 핵심적인 요소이다. 태도는 우리가 삶을 살아가는 질적 수준을 결정짓는 중요한 역할을 한다. 'Attitude is Everything'이라는 말처럼, 자세를 바꾸면 인생이 달라진다는 진리가 있다. 태도를 마음과 행동 속에 녹여 낼 때, 너의 세상은 밝은 빛으로 가득 차게 될 것이다. 이런 태도는 삶의 도전과 어려움에 맞서 싸우는 힘을 주며, 긍정적인 마음가짐으로 나아갈 때 너의 길을 넓고 환하게 밝혀 준다. 항상 자신을 믿고, 소중한 존재로서의 가치를 잊지 않기 바란다.

우리는 변화하는 패러다임 속에서 살아가고 있다. 성공적인 행복한 삶이란 그 패러다임의 물결을 자연스럽게 타고 가는 것이다. 물결 위에 타지 못했다고 분노하거나 슬퍼하지 않길 바란다. 기회는 바다에 흘러가는 배와도 같아서 누구든 그것을 타고 자신의 항해를 시작할 수 있다는 말처럼 우리의 삶의 방향을 언제든지 수정하고 바꿀 기회는 존재한다.

탄생(Birth), 죽음(Death) 사이에는 C가 있다. 그리고 C로 시작되는 Change(변화), Chance(기회), Create(창조), Cherish(소중히 여기다)와 같은 단어들이 우리의 삶을 형성한다. 우리는 변화와 기회를 통해 스스로 창조하고 소중히 여기며 살아간다.

좋은 태도란 잘못된 문제가 발생했을 때 남을 탓하기보다 자신의 잘못을 인정하고 반성하는 자세에서 비롯된다. 우리의 행동은 일시적이고 가변적이지만, 태도는 우리의 삶의 방향을 결정짓는 나침반과 같다. 긍정적인 생각과 행동의 패턴을 만드는 '태도'를 습관화하는 것은 삶의 질을 높이고, 더 나은 미래를 열어 가는 강력한 힘이 된다.

그렇다면 인생을 100점짜리로 만드는 것은 무엇일까? 운, 돈, 지식, 열심히 일하는 것. 모두 중요한 요소이다. 그러나 이 모든 것을 아우르고 진정으로 삶을 완성시키는 핵심은 바로 '태도'이다.

아들아!

긍정적인 마음가짐으로 좋은 생각과 태도를 유지하기 위해서는 두려움이 없어야 한다. 두려움을 극복하려면 에너지를 강화하는 움직임이 필요하다. 상체는 가볍게 하고, 하체는 단단한 근육으로 만들어 몸의 중심을 튼튼히 하여 상·하체의 균형을 이루면 기(氣)가 강해진다. 하체는 우리 몸의 뿌리와 같아서, 뿌리가 튼튼하면 아프거나 괴로움이 찾아와도 회복 탄력성으로 빠르게 제자리로 돌아올 수 있다. 따라서 하체는 우리의 삶을 지탱해 주는 근간이 되며, 안정적인 기반을 제공하는 역할을 한다.

몸과 마음은 유기체처럼 연결되어 있다. 몸이 움직이면 마음도 움직이고, 몸이 건강하면 마음도 자연히 건강해진다. 이 둘을 이어 주는 중요한 매개체가 바로 호흡이다. 호흡을 들여다보면 몸과 마음의 상태를 짐작할 수 있다. 호흡은 우리에게 가장 소중한 자원이자, 빠르게 내면을 정화하고 균형을 되찾아 주는 도구이다. 실제로, 하버드 대학의 연구에 따르면 호흡을 조절함으로써 자기 조율이 이루어지고 평온한 상태를 유지할 수 있다고 한다. 이를 '6초의 기적'이라 부른다. 들숨과 날숨을 각각 6초간 유지하면서 깊게 호흡하는 습관은 긴장과 불안을 해소하고 마음에 안정과 평화를 가져다준다고 한다.

집착에서 비롯된 긴장을 내려놓고 몸과 마음을 자율적으로 비우며 이완을 경험할 때 진정한 편안함을 느낄 수 있다. 에너지가 강해질수록, 마음은 더욱 견고해져, 두려움과 공포를 이겨 낼 힘을 얻는다.

『숫파니타파』 경전의 "소리에 놀라지 않는 사자처럼, 그물에 걸리지 않는 바람처럼, 진흙에 물들지 않는 연꽃처럼, 무소의 뿔처럼 혼자서 가라."는 말에는 스스로 두려움 없이 독립적인 삶을 살아가라는 깊은 가르침이 담겨 있다.

사자는 어릴 때부터 어떤 소리에도 쉽게 놀라지 않기에 '동물의 왕'이라 부른다. 사자처럼 두려움 없는 마음과 걸림 없는 바람처럼 우직하게 혼자서 삶을 영글어 갈 때, 마음속 무한한 자비가 생겨난다. 좋은 사람이 되어야 좋은 벗을 만날 수 있다. 자신을 두려움 없이 지키고 진실하게 살아갈 때, 진흙에 물들지 않는 연꽃처럼 삶을 피울 수 있단다.

태도는 타고나는 것이 아니라, 삶의 경험과 배움을 통해 만들어지는 가치이다.
끊임없는 노력과 자기 성찰을 통해 스스로 갈고닦으며 형성되는 품성이다.

소유의
경계를 넘어서

모든 생명은 이 세상에 올 때 아무것도 지니지 않은 채 오며, 마찬가지로 아무것도 가지지 않고 원래의 자리로 돌아간다. 살아가는 동안 더 많이 소유하려는 것은 결국 욕심에 불과하다. 진정으로 필요한 간단한 도구들만으로도 충분히 살아갈 수 있음을 깨닫게 해 준 존재가 바로 토끼 '까미'였다.

성인이 된 후, 나와 생활하며 교감했던 존재 중에서 죽음을 가까이 느끼게 해 준 특별한 존재였다. 딸이 처음으로 많은 애정을 쏟은 반려동물이기에 우리에게는 특별하고 소중했다. 까미의 죽음은 삶의 의미를 새롭게 바라보게 하고, 더 간소하고 의미 있는 삶을 실천하도록 이끌었다.

아들이 중학교 2학년이 되었을 때, 과학 방문 수업을 신청했다. 남학생에게 활동적인 학습은 공부와 삶을 연결해 주는 강력한 힘을 발휘한다는 생각으로 학습의 효율성을 높여 주고 싶었다.

첫 과학 방문 수업은 돼지 심장을 해부하여 그 기능과 구조를 배우는 수업이었다. 수업이 시작되기 전, 초등 5학년 딸이 학교에서 돌아와 호기심 가득한 표정으로 돼지 심장을 바라보았다. 무섭거나 징그러워하지 않고, 신기한 눈빛으로 선생님 눈치를 보며 조용히 수업을 지켜보기 시작했다. 선생님은 돼지 심장을 펼쳐 놓고 아들에게 기능과 구조를 설명하며 질문을 던졌다. 아들이 잠시 생각하며 머뭇거리자, 옆에서 듣고 있던 딸이 먼저 대답했다.

점점 흥미를 느낀 딸은 선생님의 질문에 적극적으로 반응하기 시작했고, 선생님은 딸이 실험 활동에 열정적이고 호기심이 많다는 것을 알아차렸다. 선생님도 가르치는 보람을 느낀 듯 그날 이후로 딸은 실험이 있는 수업에 참여하는 특권을 얻었다. 그 일을 계기로 딸이 생명에 대한 호기심이 많다는 것을 알았다. 햄스터, 고양이, 토끼, 앵무새, 금붕어, 병아리, 강아지 등 다양한 동물들이 함께하는 작은 동물 농장이 되었다.

우리에게 가장 골칫덩어리였던 동물은 집에서 키우던 집토끼 '까미'였다. 베란다에서 자유롭게 키운 까미는 화분에 굴을 파고 여기저기 똥과 오줌을 마구 싸 대는 개념 없는 녀석이었다. 딸은 까미를 길들이기 위해 훈련을 시켰지만, 천방지축으로 오로지 생존 본능에만 충실했다.

"이 멍청이 바보야!"

딸은 자기 지시를 전혀 따르지 않는 까미를 매일같이 야단을 쳤다. 질서 없이 마구 휘젓고 다니는 질주 본능을 드러내던 까미는, 수없이 경고장을 받아도 우리와 공존할 의지를 보이지 않았다. 까미가 전혀 변화할 기미를 보이지 않자, 우리는 포기하고 입양 보내기로 했다. 그러자 헤어짐의 공허함이 두려웠던 딸이 강하게 반대하며 까미를 곁에 두고 싶어 했다. 생각 끝에 남해 시골에 계신 외할머니 집으로 보내기로 했다. 처음에는 반가운 목소리는 아니었지만, 손녀를 생각해 마지못해 허락해 주었다.

우리는 까미를 차에 태우고 남해 시골집으로 향했다. 오랜만에 만나는 손녀를 엄마는 반갑게 맞아 주었지만, 까미를 보자마자 한숨을 내쉬었다.

"요놈을 아파트에서 어떻게 키울 거라고 샀는지 참말로! 내 몸 하나도 힘든데, 이 토깽이까지 우찌 신경을 쓰라고 데려왔노."

엄마의 투덜거림에 우리는 머쓱해졌지만, 딸의 간절한 부탁에 엄마도 할 수 없었다. 우리는 까미가 편안하게 지낼 수 있도록 멋진 나무집을 만들어 주고 집으로 돌아왔다.

어느 날, 엄마는 까미가 집에서 탈출했다며 놀란 목소리로 전화를 걸어왔다. 사방을 찾아도 보이지 않는다며,

"어딜 갔을꼬? 하늘로 솟았나, 땅으로 꺼졌나? 참말로 희한하네. 나갈 수 있는 구멍이 없는데 어디로 갔을꼬." 하며 몇 번을 반복하며 걱정했다.

엄마는 귀찮기도 하고 신경 쓰고 싶지 않다고 했으면서도, 가족이라는 생각이 든 건지 무심히 지나치지 못하고 계속 마음속으로 걱정을 이어 가셨다.

당장 남해로 달려갈 수 없는 거리였기에, 우리는 조바심을 느끼며 그저 무사히 살아 있기만을 바랐다. 며칠이 지나 엄마는 까미가 돌아왔다는 소

식을 전했다.

"저놈, 저거 엄청나게 똑똑한 놈이다. 저녁에 나가서 새벽이면 집에 들어와

있다. 우찌 알고 찾아 들어오는지 참말로 신기하데이."

엄마의 말에 멍청이 바보라고 구박했던 까미가 사실 지능이 있는 토끼였

을까 하는 생각이 들었다. 그 이야기를 딸에게 전하자, 딸은 까미가 보고

싶다며 할머니 댁에 가자고 졸랐다. 주말이 되었을 때, 우리는 아침 일찍

채비하고 까미를 만날 생각에 신나는 마음으로 남해로 향했다. 도착하자마

자 엄마는 손녀의 눈치를 보며, 내 손을 끌고 구석진 곳으로 데리고 갔다.

딸이 들을까 봐 귓속말로 엄마는 말했다.

"까미가 오늘 새벽에 죽었다. 빈이한테는 아무 말 하지 마라. 놀란다."

"갑자기 왜 죽어?"

"그놈이 새벽에 집으로 돌아오다가 차에 깔려서 죽었다. 하필 오늘 너거 오는

날에 이런 일이 생겼네. 저쪽 감나무 밑에다가 묻어 주었다."

콩닥거리는 가슴을 눌러 앉으며 말하는 엄마의 목소리에서 슬픔이 묻어

났다. 친정집은 큰 도로가 바로 옆에 있어 차량 통행량이 많은 곳이었다.

엄마는 딸에게 까미가 집을 나가 도망갔다고 말하라고 했지만, 나는 솔

직하게 까미의 이야기를 전했다. 딸은 까미를 묻은 감나무 옆에 앉아 거친

호흡으로 통곡했다. 눈물과 콧물이 범벅이 되어 흘렀다. 지켜보던 엄마는

손녀의 슬픈 모습이 안쓰러웠는지 끌어안고 등을 쓰다듬으며 좋은 곳으로

갔을 거라고 몸 상한다며 진정시켰다.

까미가 없는 자리는 정리할 물건도 처리해야 할 일도 없었다. 빈 몸으로 왔다가 아무것도 걸치지 않은 채로 물, 불, 공기, 흙으로 다시 본래의 자리인 자연으로 돌아갔다. 문득 '우리는 어디서 와서 어디로 가는 것일까'라는 존재에 대해 생각이 떠올랐다. 까미의 존재가 너무 보잘것없다고 느껴졌지만, 죽음 앞에서는 겸허한 마음이 들었다. 바람처럼 홀연히 흔적 없이 떠난 까미를 보며, 존재의 가치가 허망하게 느껴졌다.

무소유를 실천한 법정 스님이 남긴 유품은 스님이 입었던 옷과 손목시계, 필기구에 불과했다. 나는 너무 많은 것을 짊어지고 풀(full) 소유하고 사는 것은 아닌지 돌아보게 되었다.

행복을 추구하는 미니멀 라이프를 위해 버린다는 것은 꼭 물질적인 것에만 국한되지 않는 것 같다. 관계에서도 불필요한 것은 과감히 정리하고, 정신 속에서도 쓸모없는 생각을 비워 내야 한다. 마치 오래된 우물의 물을 퍼내야 새롭고 맑은 물이 생기는 것처럼, 삶에서도 비워 내야만 그 자리에 새로운 것이 자리할 수 있는 듯하다.

필요한 짐만 남기고, 인연이 다한 물건은 과감히 버리는 습관을 기르며 살고자 한다. 결핍에 물들지 않은 마음으로 진정 필요한 것에 만족하며, 살아가는 삶을 추구하는 마음가짐을 가져 보자.

머리에 이고 사는 짐은 욕망의 산물이고, 가벼운 짐은 비움의 자유를 의미한다. 떠날 땐 미련 없이, 남김없이, 자유롭게 홀연히 이름 석 자 남기고 가야지.

영원한
사랑의 불꽃

오랜만에 가족을 위해 저녁을 준비하고 있었다. 아르바이트하고 온 딸이 저녁 준비를 도왔다. 딸은 냉장고에 있는 반찬을 하나씩 꺼내 식탁 위에 올렸다.

"엄마! 내가 좋아하는 콩나물 반찬이 있네. 와! 맛있겠다." 하며 흥얼거리며 반찬을 나열했다.

"그 콩나물 진짜 맛있는 거야. 엄마가 아시는 분의 어머니가 직접 길러서 파시는 건데 그 콩나물을 먹어 본 사람은 다른 콩나물은 싱거워서 못 먹을걸."

"근데 엄마! 콩나물 대가리가 왜 이렇게 많아?" 딸이 궁금해했다.

"농약도 안 치고 직접 기른 친환경 콩나물이야. 콩나물 대가리에 영양이 많으니까 더 좋은 거지. 일단 먹어 보면 맛이 다를 거야." 하며 자신 있는 목소리로 대답했다.

딸은 콩나물을 한 입 먹어 보더니 "엄마! 맛있네. 다른 콩나물보다 담백하고 농도가 진하고 아삭해."라며 좋아하는 콩나물 반찬을 맛있게 먹었다.

그 콩나물 반찬은 지인 어머니가 우리에게 세상에서 마지막으로 준 반찬이 되었다. 야생화처럼 강하게 살던 콩나물 어머니는 이제 진한 향기만 남기고 돌아올 수 없는 무지개다리를 건너가셨기 때문이다. 시간이 지나도 콩나물 어머니의 정성이 담긴 맛은 우리의 기억 속에 살아 있다.

마트에 장을 보러 간 날, 내 눈앞에 친환경 콩나물이 들어왔다. '아! 세상에서 가장 맛있었던 콩나물.' 그 순간, 나에게도 그런 어머니가 계신다.

날씨가 쌀쌀해질 즈음, 거리를 오가다 보면 식당 문 앞에 '물메기탕 합니다.'라는 글자가 종이에 붙어 있는 걸 자주 본다. 그 글자를 볼 때마다 '엄마표 물메기탕'이 떠오른다. 입안에선 그 맛이 먼저 기억되어 군침이 돌고, 엄마가 끓여 주던 탕의 맛과 향이 생생하게 느껴진다.

겨울이 되면 엄마는 살아 있는 물메기를 사 와서 손질하여 냉동실에 보관해 두곤 한다. 그날이 되면 항상 나에게 전화를 한다.

"원정 어매야! 오늘 읍내 장에 가서 싱싱한 물메기 사 놨다."

"엄마! 힘든데 뭐 하러 사 왔어?"

"네가 좋아한다 아니가. 아따! 비싸더라." 하며 혀를 차시며 들뜬 목소리로 말한다.

엄마는 딸이 좋아하는 음식을 만들어 줄 준비가 됐으니, 언제 올 거냐는 의미로 전화를 한다. 그 안에는 외로움과 그리움 그리고 보고 싶다는 마음이 담겨 있다. 엄마는 살아 있는 물메기만을 고집한다. 그 살의 탱탱함과 쫄깃함 그리고 국물 맛이 다르다. 엄마는 자연의 맛이 가진 귀중함을 아신다. 꼬불거리는 시골길 버스를 타고 구부러진 허리를 붙잡으며 사 온 물메기는 돈으로 살 수 없는, 세상에서 가장 값지고 귀한 음식이 된다. 엄마의 손길에서 우러나오는 정성과 맛이 담긴 물메기탕은 그 어떤 고급 식당의 요리보다 특별하다. 그렇게 엄마의 맛이 내 마음을 채우고, 소중한 추억으로 기억 속에 남는다.

"아이고! 내 양님 딸."

외동딸인 나는 88세인 엄마에게 여전히 귀한 보물인가 보다.

엄마표 물메기탕을 한 모금 입안에 넣는 순간, 모세혈관을 타고 퍼지는 육수의 온기에서 마치 엄마의 품에 안긴 듯한, 세상 걱정 없는 편안한 느낌이 온몸을 감싼다. 큰 양푼에 가득 담은 물메기탕은 순식간에 바닥을 드러낸다. 평소에는 잘 허락하지 않는 목구멍은 엄마 집에만 가면 막힘없이 길을 연다. 힘든 무게를 내려놓게 만드는 엄마표 물메기탕은 걸림 없는 소화력을 가진다. 나는 엄마의 물메기탕을 먹을 때마다 손뼉을 치며 최고라고 말한다. 그러면 엄마는 내가 좋아하는 모습을 보면 기쁘다는 듯 눈빛을 반짝인다.

"그게 그렇게 맛나냐?" 하며 미소를 지으며 묻는다. 그 순간, 따뜻한 사랑이 담긴 엄마의 마음을 느끼며, 나는 더욱 행복해진다.

"엄마가 끓여 주는 물메기탕이 최고지! 시원하고 맛있다." 가득 채운 배에는 행복이 피어난다. 엄마표 물메기탕은 특별한 비법도 없고 재료도 많이 들어가지 않으면서 최고의 맛을 선사한다.

1. 냄비에 무를 삐져서 넣고 조선간장을 부어 버무리다가 물을 붓고 끓인다.

2. 물이 팔팔 끓을 때 손질해 둔 물메기를 넣는다.

3. 그리고 마늘과 대파, 청양고추를 송송 썰어서 넣는다.

아주 단순하고 간단한 '엄마표 물메기탕'은 시원하고 깔끔한 맛을 낸다. 그 맛의 비법은, 세상에 둘도 없는 엄마의 손맛인 것 같다. 엄마의 손맛은 그 어떤 양념보다 맛있고, 달콤함을 가득 담고 있다. 그 달콤한 맛에 중독된 나는, 우리 엄마의 딸임을 깊이 느낀다.

하지만 시간이 흐를수록 우리가 함께할 수 있는 시간이 점점 줄어들고 있음을 실감한다. 인연의 동아줄이 낡아 한 가닥의 끈만이 간간이 버티고 있다는 것을 알지만, 그 사실을 인정하고 싶지 않다. 매일 엄마의 물메기탕을 맛보며, 그 소중한 순간들이 영원히 계속되기를 바라는 마음이 커져만 간다. 엄마의 사랑은 배고픔과 같다. 아무리 채워도 끝없이 이어지는, 채워지지 않는 사랑이다.

사실, 이별이 두렵다. 엄마의 배 속 한 점으로 시작하여 함께한 시간, 그리고 내 몸에 박혀 있는 엄마의 세포를 잠재우기엔 나는 아직 보낼 용기가 없다.

2023년 8월 가장 무덥고 잔인한 여름, 오랜 시간 알고 지낸 지인의 가족을 하나, 둘, 셋 떠나보냈다. 그들이 다른 차원의 세상으로 떠났다는 이야기를 들을 때마다 가슴이 메어 오고, 찢어지는 슬픔이 밀려온다. '나는 엄마를 어떻게 보내야 하지?' 생각만 해도 눈가가 촉촉해진다. 다가오는 엄마의 차례를 생각할 때마다, 우주의 신에게 고함치며 '시간을 멈춰 달라'고 신호를 보낸다.

엄마는 나의 친구이자 자매, 스승이다. 세상을 살아가게 만들어 준 기둥이다. 엄마가 없는 세상에서 맞이하는 물메기탕은 내 심장에서 영원히 끓고 있는 사랑의 불꽃이 될 것이다. 그 사랑이 나를 지탱해 줄 것을 믿으며, 지금, 이 순간을 소중히 여기고 엄마와 함께하는 시간을 더욱 사랑하고 싶다. 우리의 기억이 영원히 남기를, 그 사랑이 계속해서 나를 감싸 주기를 바란다.

> **나의 어록**
>
> 부모의 사랑은 인생의 여러 갈림길에서 길을 잃고 방황할 때, 그리고 어두운 길을 걸을 때 한 줄기 빛이 된다. 이제 그 사랑을 세상으로 되돌려 줄 차례다.

행복에는 소리가 없다

작은 존재가 준
큰 행복

주말이 되면 밀린 집안일로 동에 번쩍 서에 번쩍 홍길동이 되는 경험은 많은 워킹 맘들에게 공통적인 현실이다. 평일 동안 직장에 충실해야 하는 의무와 주말에는 가정에 헌신해야 하는 책임을 준다. 쉴 새 없이 기다리고 있는 집안일에 내 몸은 로봇처럼 작업 기억에 따라 움직인다. 일을 마무리하고 혼자만의 시간을 가지며 여유를 즐기고 있을 때쯤, 딸에게서 전화가 왔다.

"엄마… 엄마…, 저기 있잖아…."

딸아이는 말에 뜸을 들였다.

"왜? 무슨 일인데?"

"사실은 아빠랑 오빠랑 같이 강아지 보러 왔어. 강아지 한 마리 사면 안 돼?"

나는 화들짝 놀라며 강한 부정을 표했다.

"안 돼! 오빠 비염이 있어서 강아지는 절대로 안 돼! 데리고 오면 나 집 나가

버린다."

딸과 나는 옥신각신하며 서로의 의견에 밀고 당기고를 반복했다. 딸은 자기의 상대가 안 된다고 생각했는지 더는 말을 못 하고 잠시 침묵을 지켰다.

"엄마가 싫다고 하잖아!" 하고 울먹이며 남편에게 전화기를 넘겼다.

남편은 딸의 외로움을 강조하며 정서적으로 좋을 것 같다며 나를 설득했다. 나는 굳건히 내 태도를 고수했다. 세 명은 전화상으로 설득이 안 될 것을 느낀 듯 후퇴하여 집으로 총알같이 달려왔다. 딸의 간절한 눈빛과 남편의 설득이 점점 내 마음을 흔들기 시작했다.

"엄마는 내 마음도 모르면서."

딸은 울먹이며 방문을 "꽝" 닫고 자기 방으로 들어갔다.

딸의 울음소리에 내 마음속에서 흔들리는 감정들이 일어났다. 약해진 마음을 안고 나는 어쩔 수 없이 그들의 손에 이끌려 '애완동물 백화점'이라는 가게로 향했다. 가게 문을 열고 들어선 순간, 사장은 나를 보자마자 오늘의 매출을 위한 영업을 철저하게 준비하고 있었다. 이미 세 명은 사장의 설득에 취해 게임이 끝난 상태였다. 사장은 즉각 나에게 눈빛을 반짝이며 말했다.

"안녕하세요, 사모님! 오늘 정말 멋진 친구들이 많이 있어요!"

옆에서 전화 내용을 듣고 있던 사장이 '무조건 사모님을 여기로 데리고 오면 자기가 해결해 주겠다.'라고 하며 나를 상대로 한 몰카 진행 계획을 세운 느낌이었다.

"아니요, 아직 결정하지 않았어요."라고 말했지만, 딸과 남편은 강아지들

주위에서 신이 나 있었다.

사장은 나를 붙잡고 "이런 강아지는 어떠세요? 정말 사랑스럽죠!" 하며 천사처럼 자는 부들부들한 하얀 털로 덮인 비숑 프리제를 내게 내밀었다. 나는 외면하며 한 발짝 뒤로 물러섰다. 계속 안아 보라는 사장의 권유에 딸이 미안했는지 받아 자기 가슴으로 안았다. 초롱초롱한 눈망울에 절대로 열리지 않을 것 같은 마음의 빗장이 열리기 시작했다. 맑고 순하게 보이는 저 녀석한테 한순간에 마음이 녹아내렸다. '제발! 나를 데려가 주세요.' 하는 눈빛에 거절할 수 없었다.

집으로 데려온 백일 된 비숑 프리제는 비틀대며 낯선 분위기를 탐색했다. 딸은 레트로(복고풍) 이름이 유행이라며 "봉팔"이라 부르자고 했다. 봉팔이는 2020년 9월 13일 일요일, 우리 집에 입주했다.

퇴근하고 거실 중문을 열자, 봉팔이 냄새가 집안을 가득 채우고 있었다. 익숙하지 않은 그 냄새는 약한 비위를 자극했다. 귀엽고 가여운 마음에 데리고는 왔지만, 지저분한 바이러스가 내 몸을 공격할 것 같은 생각에 봉팔이가 '아장아장' 걸어오면 자리를 떴다. 하루, 이틀 지나자 낯선 객은 나를 궁지에 몰아붙이고 있었다. 눈치 없는 녀석은 집안 곳곳에 자기 영역을 표시하며 활동했다. 내 안식처를 빼앗겼다는 생각이 들었고, 내 공간에 내가 없었다. 귀여운 외모와 달리 봉팔이는 나에게 예상치 못한 스트레스를 주었다. 점점 더 이 상황이 부담으로 다가왔다.

마음이 지쳐 갈 때쯤, 빨리 포기하는 것이 서로에게 상처 주지 않는 길이라는 생각이 들었다. 결국, 내 마음의 문을 활짝 열고 봉팔이를 진짜 식구로 맞이하기로 했다. 내려놓은 마음에서 마법처럼 녀석의 냄새가 구수한 향기처럼 느껴졌다. 처음에는 거부감이 들었던 것들이 이제는 익숙해져 가고 있었다. 더럽다고 딸을 불러 치우라고 한 똥의 색깔을 보며, 나는 자연스레 건강 체크 하는 집사가 되어 갔다. 그렇게 하루하루가 지나면서 봉팔이는 단순한 애완동물이 아닌, 우리 가족의 일원이 되었다. 그 과정에서 내가 느꼈던 스트레스와 불안은 점차 사라지고, 기쁨과 애정이 자리 잡았다.

시간이 흐를수록 봉팔이는 가족을 연결하는 중심이 되었으며, 생사 확인과 보고 위주의 가족 대화방은 녀석의 수상한 행동과 귀여운 짓으로 도배가 되었다. 대화 단절의 삭막함에서 웃고 즐기며 함께 뭉치게 하는 소소한 일상의 행복을 제공해 주었다. 녀석이 우리 집에 오지 않았다면 '냉기가 흐르는 집안의 공기를 나는 어떻게 감당했을까?' 녀석이 가져온 따뜻한 분위기는 그동안 느끼지 못했던 감정들을 불러일으켰다. 신기하게도 봉팔이와의 인연이 감사함으로 가슴을 뜨겁게 했다.

봉팔이는 자랄수록 사랑의 바다에 나를 가두었다. 회사에서 종일 일과 싸우고 지친 몸을 이끌고 집에 들어가면 현관문 앞에서 꼬리를 흔들며 격하게 반겨 준다. 흥분하여 내 다리로 뛰어오르는 녀석을 보면 힘든 하루가 사라지고, 해맑게 웃는 녀석의 눈높이에 내 마음이 맞춰진다. '누가 이렇게 조건 없이 매일 나를 반겨 주고 안아 주겠는가?' 사랑스럽다. 이렇게 작은 존재가 내 삶에 가져다주는 행복이 얼마나 큰지를 느꼈다.

아파 누워 있으면 귀신같이 알고 와서 아픈 부위를 혀로 핥아 주며 옆에서 나의 외로움을 달래 준다. 추울 땐 옆에 누워 온기 있는 몸으로 떨고 있는 내 몸을 녹여 준다. 내가 움직일 때마다 녀석은 나의 스토커가 되어 내 주위를 맴돈다. 때론 나의 시선에 배고파 옆에 앉아 흐트러짐 없는 망부석이 되어 사랑의 화살을 쏘아 올린다. 이렇게 봉팔이와 함께하는 하루하루가 소중하고, 그의 존재는 내 삶을 더욱 풍요롭게 만들어 준다. 봉팔이가 주는 작은 행복들이 모여 큰 사랑으로 나를 감싸고 있다는 사실이, 나는 매일 감사하다. 봉팔이와의 이 특별한 인연은, 우주가 만들어 준 선물 같다.

> **나의 어록**
>
> 우리가 새로운 존재를 받아들이고 함께할 때, 사랑과 행복은 깊어지고 삶은 예상치 못한 풍요로움으로 채워진다.

4장

시간 속에 피어난
삶의 가치

시간을 건너는
마음

2034년 8월 여름이다. 10년 전만 해도 40도를 넘으면 기록적인 '폭염'이라 했지만, 지금은 40도조차 평범한 여름 날씨가 되었다. 그런데도 나무는 여전히 푸르다. 자연의 흐름에 유연하게 순응하며, 언제나 그 자리를 지키는 나무는 어떻게 지치지 않고 푸르름을 유지할 수 있을까? 나의 마음속 나무는 지금 어떤 모습일까?

내 나이 만 61세, 이 여름이 지나면 환갑을 맞이한다. 만 51세로 시작된 10년간의 여정이 쉼표를 찍는 순간에 이르렀고, 그간 걸어온 삶을 자연스럽게 돌아보게 된다. '10년이라는 시간을 어떻게 보낼까?' 했던 질문은 이제 과거의 일이 되었으며, 시간은 눈 깜짝할 사이 흘러가 변화를 인지하기도 쉽지 않았다.

그러나 오늘, 2034년 8월의 나는 숫자에 얽매이지 않는다. 몸과 마음은 여전히 중력의 제약을 벗어나듯 가볍고, 초심자의 마음으로 새로운 것들을 마주하며 살아가고 있다.

환한 미소를 머금은 맑은 얼굴, 백발의 고운 머릿결, 곧은 자세는 내면과 끊임없이 소통하며 세상과 싸우지 않고 포용하며 살아온 삶의 흔적이다. 10년 전, 선암동 지관서가(지방자치단체가 제공한 공공 공간)에서 정창영 번역의 『도덕경』을 읽으며 세상의 이치를 되새기던 내가 떠오른다. 본성으로 돌아가기 위해 '하늘과 땅과 사람'의 조화를 이루는 객관의 길을 찾아 나섰던 그때의 나는 아직도 내 안에 깊이 자리 잡고 있다.

오늘, 나는 다시 그 지관서가에 앉아 잔잔한 음악을 들으며 따뜻한 아메리카노 한 잔의 여유를 즐긴다. 10년 전의 나의 체취가 남아 있을 그 자리에 앉아, 감사와 사랑을 담아 지난날의 나에게 편지를 띄워 본다.

10년 전의 나에게.

안녕, 이 편지를 전하는 지금, 나는 어느덧 60대에 접어들어 삶의 또 다른 차원에서 너를 바라보고 있어. 그동안 정말 많은 시간과 에너지를 들여 여기까지 달려왔지. 우리가 치열함 대신 여유로움을 선택했던 결정, 지금 돌아보니 정말 현명한 선택이었어.

10년이라는 세월을 더 살아 보니, 삶에도 기술이 필요하다는 걸 알게 되었어. 그 기술은 화려하거나 눈에 띄는 것이 아니라, 오히려 보이지 않는 것들 속에 숨어 있었어. 늘 깨어 있어야만 알아차릴 수 있는 작은 순간들, 그 소중한 것들을 놓치지 않는 것이야말로 진짜 삶의 기술이라는 걸 배웠어.

그중에서도 가장 중요한 것은 몸과 마음, 정신의 에너지야. 에너지는 단지 힘이 아니라, 하나의 상태이고 흐름이다. 우리가 그것을 어떻게 관리하고 유지하느냐에 따라 삶의 질이 크게 달라지는 것 같아. 앞만 보고 열심히 살아가는 것이 반드시 성공이나 만족을 의미하지는 않더라. 열심히 사는 사람들 가운데 공허함과 허탈감을 느끼는 모습을 보면서, 에너지를 과도하게 쏟아부으면 마음도 점점 소모되고, 결국 채워지지 않는 갈증만 남는다는 걸 알게 되었어. 그렇게 갈증에 사로잡히면 권태감이 일상을 지루하게 만들고, 많은 사람이 점차 정신적으로 무너져 가는 것을 보았지.

그래서 지금의 나는, 에너지를 과도하게 쓰기보다는 적절하게 흘려보내는 법을 배우고 있어. 균형을 유지하며 내면을 돌보는 것이야말로 진정한 성공이자 행복의 비결이라는 생각이 들어.

지금 네가 걷고 있는 길이 때로는 멀고 험난하게 느껴지겠지만, 그 모든 순간은 결국 너를 단단하고 깊이 있는 사람으로 만들어 줄 거야. 그 마음이 앞으로도 네가 가야 할 길의 확실한 길잡이가 되어 줄 거라고 믿어.

맞아, 50대까지 우리는 정말 치열하게 달려왔지. 무엇이든 할 수 있다는 자신감과 열정으로 가득 차서, 손에 닿는 모든 걸 움켜쥐려 했어. 그리고 계속해서 도전했지. 그때는 그게 최선의 길이라 믿었어. 젊을 때는 세포 하나하나가 생생하게 재생되면서 모든 것이 신선하고 새로운 느낌이었어. 그 열정이 끝이 없는 에너지처럼 느껴졌고, 세상이 주는 기회란 기회는 모두 내 것으로 만들 수 있을 것 같았어.

실패라는 단어조차 두렵지 않았고, 모든 것이 도전할 만한 가치가 있다고 여겼지. 지금 돌아보면, 그 치열했던 순간들, 넘어지고 다시 일어섰던 경험들이 오늘의 나를 더욱 깊고 단단하게 만든 것 같아. 그렇게 지나온 날들이 참 고맙고, 또 소중하게 느껴져.

50대에 접어든 너는 이제 인생 시계에서 정오를 넘어서고 있겠구나. 그 정오를 넘은 시간은 더 이상 무작정 뚫고 나아가야만 하는 시간이 아니란다. 이제는 바람이 부는 대로 나를 맡기며, 굴러가는 낙엽처럼 삶의 흐름에 몸을 맡기며 평온하게 걸어가는 시간이란다.

그 시간을 맞이하기 위해서는 부드러운 여유의 마음으로 모든 것을 받아들이는 '포용력'이 필요해. 예상치 못한 상황이 닥쳤을 때 즉시 반응하지 않고, 잠시 멈추고 상황을 관찰하는 것이 중요해. 그런 순간, 호흡을 고르고 생각을 정리하는 시간을 가지면 점차 마음을 다스리는 능력이 커져 갈 거야.

2032년의 지금, 삶을 더 넓게 바라보면 자연의 흐름 속에서 흘러가는 것임을 깨닫게 돼. 성난 자연은 우리를 위험에 빠뜨리기도 하지만, 우리는 그 변화를 자연의 일부로 받아들이며 순응해야 해. 그것이 인간으로서 살아가는 이유이기도 하니까. 어떻게 살 것인가를 고민하고 실천하며 겪고, 그 속에서 배우고 느껴야 해. 하지만 배운 것만으로는 부족하고, 그 경험을 통해 익히고 체화하는 시간이 필요해. 익히고 나서야 우리는 성숙에 이를 수 있고, 그 성숙이 우리의 삶을 더 깊고 의미 있게 만든다고 생각해.

『도덕경』을 읽으며, 있는 그대로의 자신을 받아들이고 자연의 흐름에 따라 살아가야 한다는 중요한 깨달음을 얻었지. 그 깨달음이 오늘 나를 이끌어 왔고, 나는 그 교훈을 지금도 마음 깊이 새기며 살아가고 있어.

그 이후, 나는 삶이란 오랜 시간 꿈을 꾸는 과정이라는 걸 깨달았어. 애쓰지 않으면서 각 행위 속에 숨은 의미와 가치를 채워 나가는 시간이었지. 매일 주어진 것에 최선을 다하며 살아온 나는, 50대 너의 출발점에서 다시 그 시간을 돌아본다.

인생은 충분히 살아 볼 만한 가치가 있어. 삶을 너무 저울질하지 않았으면 해. 어떤 결정을 내려도 괜찮아. 조금 넘어지고, 조금 늦게 가면 어때? 그것도 너의 인생이고, 저것도 너의 인생이야. 세상의 풍파를 두려움 없이 맞이할 때, 용기는 자연스럽게 솟아나는 것 같다. 그물에 걸리지 않는 바람처럼 마음의 틀에 얽매이지 않고 자유롭게 나아가길 바란다. 진정한 자유인으로 살아가는 것, 그것이 네가 추구하는 삶이잖아. 앞으로 10년 후, 더 성장한 또 다른 너를 만날 수 있기를 바란다.

- 만 61세 시간을 역행한 자

한 땀 한 땀,
삶을 수놓는다

  40년 가까운 삶의 흔적을 담고, 나와 동고동락해 온 보물 상자가 하나 있다. 그 속에는 내 일생이 차곡차곡 쌓여 있으며, 나의 이야기를 고스란히 저장해 두고 있다. 이 보물 상자와의 인연을 되짚어 보면, 나는 열 살 무렵으로 돌아간다. 3남 1녀 중 막내인 나는 큰오빠와 열두 살 차이가 났다. 내가 열 살이 되던 해, 큰오빠가 결혼했다.

  결혼식을 올리고 신혼여행에서 돌아오는 큰오빠와 올케언니를 위해, 올케언니의 부모님이 정성껏 준비한 이바지 음식이 전해졌다. 색동 보자기에 싸여 온 분홍색, 노란색 사각 플라스틱 상자 안에는 종류별로 깔끔하고 화려한 음식들이 담겨 있었다. 열 살이었던 나는 그중 노란 사각 플라스틱 상자에 유독 눈길이 갔다. 그때부터 그 상자는 나와 인연을 맺게 되었고, 내가 결혼하기 전까지 소중한 물건들을 담아 두는 나만의 보물 상자가 되었다.

  이사를 할 때면 가장 먼저 집 안에서 소중한 물건과 보물 상자를 챙긴다.

세월이 흐를수록 보물 상자는 신줏단지처럼 특별한 의미로 여겨지게 되었다. 한 번 자리를 잡으면 절대 옮기지 않는다. 예전에 자리를 옮겼다가 찾지 못해 느꼈던 마음의 아픔을 두 번 다시 경험하고 싶지 않아서, 이는 나만의 철칙이 되었다. 나이를 먹을수록 보물 상자에 대한 애착은 점점 깊어진다. 마음이 힘들거나 우울할 때면, 그 상자 속에 담긴 행복한 추억들이 현재의 아픔을 어루만져 주는 위안이 된다. 뚜껑을 열면 오래된 퀴퀴한 냄새가 나를 반기며, 그 시절의 공기가 시간 여행을 떠나듯 나를 감싼다. 마치 그때의 시공간 안으로 들어가는 느낌이다.

보물 상자 속 수많은 물건 중에서도 가장 눈에 띄는 것이 있다. 그것은 나의 생애 첫 작품으로, 여중생 시절의 기억을 떠올리게 하며 나를 그 시절로 데려가 준다.

지휘봉으로 칠판을 똑, 똑, 똑, 두드리며 수업을 시작하시는 키 158㎝ 작은 체구에 안경을 쓴, 출산을 앞둔 예쁜 가정 선생님이 계신다. 그분은 칠판에 십장생의 그림을 그리며 중학교 가정 수업을 지도하고 있다.

"주목! 얘들아! 오늘은 십장생 자수를 놓는 실습 시간이다. 다들 준비물은 잘 챙겨 왔겠지?"

"네."

"칠판에 그린 그림을 보고 위치에 맞게 십장생을 수놓으면 된다. 모르는 사람은 조용히 손들고 다른 친구들은 시작하도록 해."

선생님의 쩌렁쩌렁한 목소리가 교실에 울려 퍼진다. 나는 중학교 2학년 가정 실습 시간에 집중하고 있었다. 십장생의 위치를 밑그림으로 그리고 금실, 은실, 여러 가지 예쁜 실을 바늘에 꿰어 수를 놓기 시작했다. 손재주가 있던 나는 실습수업을 무척 좋아했다. 그래서 자수를 잘 놓기 위해 집중했다. 선생님은 긴 지휘봉을 흔들며 교실 분단 사이를 오가며 학생들의 작업을 감독했다.

마침내 실습을 마치는 종소리가 울렸다. 조금 더 시간을 갖고 싶었기에 아쉬움이 남았다.

땡, 땡, 땡.

"오늘 다 못 한 사람은 집에 가서 완성하고 금요일까지 제출하도록 해. 실습 평가로 점수를 매길 것이니 반드시 완성해서 제출하도록. 이상. 반장!"

반장은 일어나 힘차게 외쳤다.

"열중쉬엇! 차렷! 경례!"

모두가 고요해진 교실에서 나의 첫 작품인 십장생 자수가 빛을 발한다. 산, 소나무, 해, 거북이, 학 등 불사의 상징들이 한 땀 한 땀 수놓아져 있다. 그 자수 속에는 열다섯 살 여중생 시절의 삶이 그대로 녹아 있었다. 그 작품이 나에게 남아 있지 않다면, 내 학창 시절의 기억은 어느 파동 속에서 희미해진 채 의식의 흐름 속 어딘가에 파묻혀 있었을지도 모른다. 영원히 깊이 감춰진 채, 다시는 떠오르지 않을 기억이었을 것이다. 그 작품은 단순한 자수를 넘어 내 어린 시절을 간직한 시간의 조각이었다.

새로운 공간으로 이동할 때면, 지금의 짐 자리에 과거의 짐들을 하나씩 내어 주며 살아온 흔적을 정리하는 시간을 가진다. 때로는 쓸모없고 귀찮게 느껴졌던 과거의 물건들이 오히려 삶의 위안과 안정을 주는 순간도 있다. 과거의 짐을 지금의 짐 자리에 내어 주는 과정은, 단순히 물건을 정리하는 시간이 아니라, 내 삶의 흔적을 되돌아보며 그 속에서 새로운 의미를 발견하는 시간이 된다.

우리가 지나온 삶 속에 과연 의미 없는 시간이 있었을까? 우리가 거쳐 온 모든 시공간은 우리가 그 안에서 살아가야 할 이유와 의미를 담고 있다. 시간 속에 남겨진 흔적들이 모여 지금의 나를 이루고 있으며, 그것들은 과거의 짐을 넘어 미래로 나아가는 힘이 된다.

보물 상자 속에 담긴 물건들의 가치를 묻는다면, 나는 그 안에 그 시절의 젊음과 순수함이 있다고 답할 것이다. 삶의 흔적이 담긴 이 상자 속 물건들은 단순한 물건이 아니라, 살아 숨 쉬는 기억의 입자들이 모여 선명하게 자리 잡은 작은 집이다. 추억과 행복이 깃든 상자 안에서는 과거의 나와 현재의 내가 여전히 공존하고 있다. 그 안에서 흐르는 오래된 시간의 여운은 내 마음속에 연결되어, 나를 이끌어 간다.

해: 봄이면 햇살 받아 나뭇잎이 자라고 풀이 자란다.

달: 해가 낮의 활동성을 상징한다면, 달은 어둠 속에 은은히 빛나는 사람의 정서를 상징한다.

산: 산은 나무와 동물 등 많은 생명을 품는다.

물: 해와 달과 물이 생명을 만든다. 물이 시간과 의식을 품고 흐른다.

돌: 단단한 돌은 시련의 바람에 흔들리지 않게 잡아 준다.

소나무: 사계절 푸른 소나무는 정신의 기둥이 된다.

거북: 오래 사는 동물로, 장수를 상징한다.

사슴: 사슴의 큰 눈은 순진무구하다. 순수한 인간의 마음을 품는다.

학: 하늘을 나는 자유로움, 자유로운 삶을 나타낸다.

불로초: 이상적인 인간의 삶을 영혼으로 이어 주어 영속하게 만들어 준다.

십장생에 대해 나름대로 의미 부여를 해 보았다. 십장생은 삶이며, 영혼이다. 한 땀 한 땀이 모여 하나의 수를 이루듯, 하나의 입자 같은 작은 땀들이 모여 십장생이 완성되고, 그 십장생은 행복한 인생을 상징한다.

십장생 자수는 그 자체로 하나의 예술이다. 그 수를 완성하기 위해서는 어떤 요소도 빠져서는 안 된다. 하나의 땀방울이라도 빠지면, 그 십장생은 완전하지 않다. 인생도 마찬가지다. 십장생 수가 곧 내 인생이라면, 내 인생의 모든 순간은 의미 있는 땀방울이며, 그 흔적들은 전혀 헛되지 않다. 중학교 때는 그 의미를 몰랐지만, 이제는 깨달았다.

하나의 땀이 모여 십장생을 이루듯, 인생의 모든 작은 순간들이 모여 나의 이야기를 만든다. 그 어느 순간도 무용한 것이 없다. 어떤 어려움이나 기쁨도 결국은 내 삶의 아름다운 수를 완성하는 중요한 땀방울이다.

삶이란 결국 나만의 십장생 수를 하나씩 놓아 가는 과정이라는 것을.

여름의 기억,
바나나의 비밀

여름이 가까워지면 2016년 필리핀 어학연수의 추억이 떠오른다. 딸과 함께한 그 시간은 늦깎이 학생으로서 또 다른 나를 발견한 특별한 여정이었다. 엄마가 된 후 딸과 함께 떠난 어학연수는 내 기억의 서랍에 간직된 선명한 기록이다.

어학원에 도착하자마자 딸은 원장님께

"저와 엄마는 다른 방으로 배치해 주세요."라고 부탁했다. 순간 조금 서운했지만, 나는 원장님의 시선을 마주하며 말했다.

"원장님! 괜찮습니다. 그렇게 해 주세요."

"정말 괜찮으세요, 어머니?"

"네."

딸과 나는 참 달랐다. 오히려 다행이었다고 생각한다. 만약 같은 방을 썼다면 어쩌면 둘 중 한 명은 어학연수 중에 한국으로 돌아가고 말았을지도 모른다. 연수하는 동안 서로의 마음에 상처가 생기기도 했지만, 시간이 흐르며 그런 감정은 공감과 대화로 이어졌다. 시간이 지나면서 아픔은 그리움이 되고, 추억으로 자리 잡았다.

나는 늦깎이 학생으로서 다시 공부하려니 힘든 순간이 많았다. 학창 시절에도 쉽지 않았던 공부는 여전히 만만치 않았다. 하지만 그 과정을 견뎌 내는 인내는 짜릿한 성취감을 느끼게 해 주었다.

어학원이 위치한 곳은 약 5천 평의 넓은 개인 사유지 안에 있었다. 높은 담벼락과 철조망이 둘러싸고, 경비대가 상주하는 철저한 보안 속에서 외부 활동은 원장님의 허락이 있어야만 가능했다. 새벽이 되면 수탉의 울음소리와 원어민 선생님의 기상나팔 소리가 우리의 하루를 열었다. 작은 운동장에 모여 국민체조로 몸을 풀고, 거대한 담벼락을 따라 산책로를 걸으며 하루의 첫 활동을 시작했다.

먼지 하나 없는 깨끗한 하늘 아래 푸르른 나무들이 뿜어내는 신선한 공기는 쌓였던 스트레스를 말끔히 씻어 주었다. 한국과는 사뭇 다른 이 맑고 상쾌한 공기는 담장 밖의 세상에 대한 궁금증마저 잠재우며 마음의 안정을 가져다주었다. 이 정화의 시간은 마음속 찌꺼기를 털어 내고, 비워진 공간에 새로운 에너지를 충전하는 기분이었다. 익숙했던 것들을 새롭고 신기하게 바라볼 수 있게 하는 이 공간 속에서, 삶을 알아 가는 즐거움과 함께 행복이 차오르는 것을 느꼈다.

어느 날 저녁, 친해진 몇몇 학생의 엄마들과 함께 저녁 산책을 나섰다.

하루가 다르게 탐스럽게 자라난 바나나가 눈에 띄었다. 어린 시절 친구들과 놀았던 추억의 맛이 그립다며, 이곳 필리핀에서 특별한 추억을 만들어 보자고 이야기했다. 그날 우리는 작은 모험을 계획하며 설레는 마음으로 걸음을 이어 갔다.

"우리 저 바나나 한번 따 봐요." 내가 웃으며 제안했다.

"엥! 저걸 어떻게 따요?" 장원 엄마와 현영 엄마가 손사래를 지며 반대했다.

그때 큰언니 같은 이진 엄마가 말했다.

"그래! 한번 시도는 해 보자. 나도 저 바나나 맛이 궁금했어. 매일 지나칠 때마다 바나나랑 잭 플루트가 얼마나 신경 쓰였는데, 저 바나나가 딱이야!"

이진 엄마는 바나나 쪽을 손짓하며 우리의 마음을 부추겼다.

"원빈 엄마! 자기가 한번 힘 좀 써 봐. 여기서 자기가 제일 덩치도 크고 힘이 셀 것 같아."

"아이고! 언니! 연장도 없는데 어떻게 하라는 거예요." 내가 답하자 이진 엄마는 웃으며 말했다.

"그냥 힘으로 밀어붙여 봐! 덩치가 아깝잖아."

그 말에 자존심이 자극되어 오기가 생겼다. 나는 커다란 두 손으로 바나나 나무를 움켜잡았다. '딱!' 내 손에 들어오는 감촉이 묵직했다. 두 손에 힘을 주고 굵은 바나나 나무를 흔들어 봤지만, 생각보다 단단하고 꿈쩍도 하지 않았다. 나는 오른쪽 옆으로 자리를 옮기며 앞차기와 뒤차기를 여러 번 시도했다.

"끙…. 끙…." 힘을 쓰던 나를 보던 이진 엄마가 말했다.

"안 되겠다. 우리가 같이해야겠네."

"아니, 언니! 내가 할 테니 손대지 마셩."

이진 엄마는 주위를 둘러보며 조심스레 속삭였다.

"쉿! 쉿! 조용. 조용히!"

마치 우리만의 비밀 작전이 된 듯, 긴장과 재미가 동시에 느껴지는 순간 이었다. 한참 동안 바나나 나무와 씨름하던 나는 요령도 없이 힘으로만 밀 어붙이다 보니 점점 지쳐 갔다. 그 순간, 마침내 바나나 나무가 포기한 듯 "톡" 하고 부러졌다. 바나나 나무를 자세히 보니 사실 나무가 아니라 식물 이었다.

옆에 있던 엄마들은 환호하며 외쳤다.

"원빈 엄마! 최고!"

그들의 응원 소리에 뿌듯함과 함께 웃음이 터져 나왔다. 우리는 어둠이 짙은 밤의 무서움을 느낄 여유가 없었다. 우리의 미션을 수행하기 위해 모 든 감각이 바나나에 쏠려 있었다. 쓰러진 바나나 나무 주위로 둘러앉아 거 대한 바나나 송이를 따기 위해 힘을 모았다. 그러나 바나나는 쉽게 끊어지 지도, 따지지도 않았다. '그래도 맛이라도 봐야지.' 하며 바나나를 하나 따 서 돌아가며 한 입 깨물었다. 입안으로 들어가는 순간….

"퉤! 퉤! 퉤!"

"으악!"

쓴맛과 텁텁한 느낌이 입안에 퍼지며, 단단하고 풋내가 심하게 났다. 우리 모두 얼굴을 찌푸리며 고개를 저었다. 우리가 생각한 달콤한 바나나가 아니었다. 나는 손에 들고 있던 바나나를 멀리 던져 버렸다.

며칠 뒤, 나는 장현 엄마 숙소에 놀러 갔다. 창틀 위에 노랗게 익은 바나나 3개가 나란히 놓여 있었다.

"장현 엄마! 이건 무슨 바나나예요?"

"그때 우리가 딴 바나나인데, 제가 몇 개 가지고 왔어요, 시간이 지날수록 색깔이 점점 변했어요."

그 말을 듣고 머릿속이 번쩍했다. 바나나는 따서 숙성시키는 과일이었다. 바나나 나무가 자라 꽃을 피우고 열매를 맺어 숙성되는 과정에 대해 알지 못했던 우리는, 아차 싶어 그날 밤 버렸던 바나나를 찾기 위해 수색 작업에 나섰다. 하지만 거대한 바나나 송이는 이미 흔적도 없이 사라지고 없었다. 우리는 며칠 동안 관리실 직원의 시선을 피하며 쥐 죽은 듯 지냈다.

지난여름, 바나나 나무 아래에서 우리는 무모하게 익지 않은 바나나를 따고, 그 맛에 실망했다. 그러나 그 경험은 우리에게 중요한 교훈을 주었다. 바나나는 숙성이 필요한 과일인 것처럼, 우리의 지혜도 시간이 필요하다. 인생의 진리 중 많은 것이 경험을 통해서만 얻어진다. 우리가 겪은 시간과 실패, 그리고 그 속에서 얻게 되는 깨달음이야말로 진정한 성숙을 이끈다는 사실을.

마치 바나나가 익으면서 점차 단맛을 내듯, 인생도 그 자체의 시간과 과정을 거쳐야 비로소 의미를 드러낸다. 실패와 실망을 겪으며 우리는 점점 더 강해지고, 그 경험이 우리를 더 나은 결정을 내리게 한다.

> **나의 어록**
>
> 각자의 인생 여정은 다르고, 비교할 필요가 없다. 자기 자신을 존중하며, 자기만의 속도로 성장하는 것이 중요하다.

나는 전문 코치가
되어 가는 중입니다

요즘, 나는 성장을 위한 의미 있는 시간을 보내고 있다. 낡음을 벗고 새로운 도전으로 지적 가치를 더하고 있다는 느낌이다. 새로운 것을 받아들이거나 새로운 곳으로 나아가기 위해서 용기를 품고 걸어가고 있다. 이번 여름은 내 내면의 지도를 그려 나가는 경험의 시간이었다.

며칠 전, 대학원 동기를 오랜만에 만났다. 대학원 동기가 대학교 출강을 하게 되었다는 기쁜 소식을 축하해 주기 위한 자리였다. 그동안 공유하지 못했던 이야기를 나누었다. 우리는 서로의 삶에 동화되어 시간의 자유로움을 느꼈다. 동기는 자신의 삶이 원하는 방향으로 연결된 계기가 '코칭'이라고 말했다. 생소한 단어에 나는 새로운 세계를 느꼈다.

올바른 삶의 성장으로 결과를 보여 주는 우리는 신뢰와 믿음으로 형성된 관계 속에서 의심의 여지 없이 서로를 지지하고 있었다. 그런 관계에서 동기는 나에게 코칭을 시도해 보라며 적극적으로 추천했다. 호기심 많은 나는 동기에게서 교육기관을 추천받아 KAC 기초 자격증에 도전했다. 이 자격증은 코치로서 필요한 소양과 기술을 습득하는 과정이었다. 시험 기준에 맞춰 프로세스를 내 언어로 연습하고 익혀 나갔다. 시간이 지나면서 코칭의 매력을 점점 더 느끼게 되었고, 타인의 생각과 공감으로 삶을 확장하고 싶은 열망이 생겼다. 코칭을 진행할수록 그 오묘한 맛이 마음속에 다르게 느껴졌다. 인간에 대한 깊은 심리와 이해를 통해 나를 돌아보는 시각이 넓어지는 것을 발견하곤 했다.

KAC 자격증을 취득한 후, 나는 다시 한 발짝 더 코칭의 삶으로 걸어가고 싶었다. 2024년 5월부터 7월까지 쉼 없이 달려 KPC 전문 코치 이수 교육을 마쳤다. 그 교육은 깊이와 넓이를 제공하며 나를 코칭의 세계로 더욱 끌어들였다. 평소에 사용하는 내 언어를 고객의 언어 뒤로 숨기고 조용히 침묵하며 고객의 언어에 귀를 기울였다. 내 언어가 자연스럽게 튀어나오지 않도록, 고객의 언어와 혼동되지 않게 나를 지켜 내야 했다. 그 과정에서, 나를 형성해 온 인식의 개념들이 조금씩 흔들리기 시작했다. 생각과 말이 종종 다르게 흘러나올 때가 있었다. 나는 나를 잘 알고 있다고 생각했으며, 내가 의도한 대로 표현하고 있다고 믿었다. 그러나 코칭은 제어되지 않은 나를 그대로 마주하게 했다. 고객의 언어를 듣고 그것을 다시 고객의 언어로 질문하고 돌려줘야 했지만, 내 마음과 다르게 내 언어로 해석되어 나왔다. 내가 알았다고 생각했던 것들이 실제로는 그리 정확하지 않았다는 것을 알았다. 단어의 울타리에 갇혀 그것이 전부라 여겼던 착각에서 벗어나고 있었다. 그것이 바로 경청의 출발점이었다.

지식으로 얻은 정보는 실행으로 연결되지 않으면 정확히 아는 것이 아니다. 알고 있다는 착각으로 나에게 장착된 결과는 지루한 삶의 시간을 살게 한다. 새로운 것에 도전하는 것은 우리에게 엄청난 에너지가 필요하다. 삶의 경험으로 체득된 우리의 뇌는 새로운 것을 알아 가거나 도전하는 것을 두려움으로 인식하게 된다. 코칭을 통해 내 두려움의 산물을 제거한 것이 '경청'이다. 경청에 집중만 잘해도 그 안에서 답을 찾아낼 수 있다.

경청의 진정한 뜻은 기울어질 傾(경), 들을 聽(청)의 합이다. 상대의 말에 귀 기울여 임금을 대하듯 천 개의 눈으로 마음의 문을 열어 집중하는 것이다.

경청은 단순히 듣는 행위가 아니다. 말하는 상대의 세계에 접속하여 같은 눈높이에서 생각하고 같은 경험을 통해 감정을 느끼며, 상대의 욕구와 의도가 무엇인지 발견하는 과정이다. 이러한 이해를 바탕으로 코치는 상대의 감정과 생각에 공감으로 표현하는 임무를 수행한다. 고객이 말하는 언어 속에 핵심 단어가 숨겨져 있다. 이 핵심 단어를 찾아내는 것은 코칭의 중요한 부분이다. 코치는 고객이 진심으로 원하는 것이 무엇인지를 파악하고, 그 과정에서 고객과 함께 걸어가며 문제 해결을 위한 문을 하나씩 열어 주어야 한다.

KPC 코칭 교육은 KAC보다 더 깊이 있는 전문가의 태도와 기술이 요구된다. 대부분의 사람은 듣는 시간보다 말을 하고 싶어서 하는 시간을 좋아한다. 진정한 경청은 높은 단계의 가치를 지니며 매우 중요한 역할을 한다.

경청은 그저 듣는 행위가 아니라, 내면의 잔잔한 마음의 파동을 잠재우고 오로지 상대의 마음에 집중해야 이루어진다. 이러한 경청을 자연스럽게 연결된 질문으로 이어 가기 위해서는 200시간 이상의 연습이 필요하다. 단순히 기술을 연마하는 것이 아니라, 내면의 강함과 성숙함을 쌓아 가는 작업이기도 하다.

코칭을 통해 나 자신의 모난 부분을 다듬고 한 단계 성숙한 나를 만들어 가는 과정이었다. 간단한 기술적인 향상을 넘어서, 사람의 마음을 주고받는 상호작용 하는 시간이다. 타인의 삶과 이야기를 들으며 나 자신을 돌아보고, 새로운 시각으로 정보를 습득하는 시간이었다.

코칭은 고객이 직면한 문제를 함께 열어 탐구하고 목표를 설정한 후 실행 계획을 세워 스스로 점검하는 과정을 함께하는 파트너이다. 코치로서, 때로는 답답한 마음에 대안을 제시하거나 문제를 해결해 주고 싶은 충동이 끊임없이 올라오지만, 그럴 때일수록 스스로 제어하고 고객이 스스로 해답을 찾을 수 있도록 돕는다. 내 언어가 입 밖으로 나올 것 같은 순간을 삼키고 넘기며, '정말 잘 참았어!'라고 자신을 격려하기도 한다. 단순히 문제 해결이 아닌, 고객이 주도적으로 자신의 길을 찾도록 도와주는 것이 성숙한 코치의 자세다.

나는 종종 말솜씨가 좋고 상대의 마음을 잘 읽어 내는 사람이라고 생각했지만, 코칭 실습에서는 긴장하고 길을 잃은 나를 본다. 그럴 때 상위 코치는 내가 스스로 만들어 낸 틀에서 벗어날 수 있도록 이끌어 주며, 나의 자의식을 깨는 아픔을 경험하게 한다. 이 과정은 불편하고 어렵지만, 코치로서의 성장을 위한 필수적인 단계이다.

상위 코치는 강한 목소리로 지적했다.

"아니! 그렇게 질문하시면 닫힌 질문이 되잖아요? 우리는 고객에게 집중해야 하고, 열린 질문으로 고객의 생각을 열어 줘야 해요. 중요한 건 고객의 이슈가 아니라 고객의 마음을 알아주고 공감해 줘야 해요. 고객이 스스로 느끼고 깨달을 수 있도록 중립적인 언어로 다가가야 합니다. 다시 한번 이 부분 들어가 보세요."

"아! 네." 정신을 바짝 차리고 다시 도전해 본다.

이 경험은 나를 새로운 시각으로 나와 타인을 바라보게 만드는 과정으로 나를 더 깊고 넓은 코칭의 세계로 이끌며, 진정한 코칭의 본질을 깨닫게 해 준다.

상위 코치는 잘못 형성된 생각을 바로잡기 위해 아프지만 강하게 다가와야 정신이 번쩍 든다는 것을 알고 있다. 나는 그 점을 느낀다. 시연이 끝난 후, 상위 코치는 나의 마음을 어루만져 주며 채찍과 당근을 주지만, 나는 상위 코치의 매서운 목소리는 두렵거나 서운하지 않다. 오히려 이해하게 된다. 나를 위해 도와주는 사람이다. 마음이 힘든 것은 나 스스로에 대한 실망감이다.

배움의 과정에서는 아픔을 이겨 내고, 나를 객관적으로 바라보는 힘이 필요하다. 주관적인 감정에 치우치지 않고, 나의 현재 상태를 있는 그대로 평가해야, 어떤 부분이 개선되어야 하는지 알 수 있다. 자신의 고집에 매달린다면 배움의 성장은 더디게 될 수밖에 없다. 스스로에게 관용의 문을 열고 열린 마음으로 받아들이는 자세가 중요하다. 명예, 권위 그리고 부로 이루어진 자아가 곧 '나'라고 믿는다면, 자존심이 상하는 일을 겪을 때 이를 고통스럽게 여길 수 있다. 그러나 자존감을 키울 때, 우리는 더욱 성장할 수 있으며, 지식에 얽매이지 않고 자유로운 마음을 가질 수 있다.

유연한 마음으로 무엇이든 잘할 수 있다는 믿음으로 도전하지만, 예상보다 되지 않는 나 자신을 발견할 때 무너짐을 경험한다. 그 과정에서 스스로 산산이 부서지는 듯한 아픔을 느끼며, 작아진 자아는 모든 것을 한 번 더 내려놓는다.

가 보지 않은 길을 간다는 것은 두렵고 불편한 마음이 든다. '잘해야겠다.'라는 욕심이 앞서는 마음 때문이다. 처음 가 보는 길이 낯설고 두려운 것은 당연하다. 하지만 그 길을 계속 걷다 보면 노출될수록 긴장감이 줄어든다. 익숙해지면 눈 감고도 갈 수 있다. 이는 우리의 몸속에 고유 감각이 코드화되어 있기 때문이다.

타인을 위해 시작한 코칭의 여정은 결국 '나'로 수렴된다. 한 발자국 떨어져서 나 자신을 코치할 수 있다면, 진정한 삶을 주도하는 코치가 될 수 있다. 진정한 코치가 되기 위해 무더운 여름의 시간을 보냈다. 오늘도 나는 전문 코치가 되어 가는 중이다.

전문가는 처음부터 모든 것을 잘하는 사람이 아니다. 오랜 시간 노력하며 기술과 지식을 갈고닦아 숙련의 과정을 축적한 사람이다. 이는 꾸준함이 가진 힘의 결과이다.

절제하는 삶의
가치

　나는 삶의 방향을 제시하는 비전으로 '절제하는 삶'을 선택했다. 이 비전
은 내가 추구하는 가치와 행동의 기준이 된다. 그중에서 가장 중요한 것은
음식과 생각에 대한 절제이다. 음식을 절제함으로써 마음 작용을 통제하고
조절하는 힘을 얻을 수 있다. 음식은 우리에게 가장 소중한 자원이며, 좋은
음식을 섭취해야만 균형 잡힌 삶을 유지하고 바른 생각으로 타인에게도 긍
정적인 영향을 미칠 수 있다. 반면, 과도한 섭취는 마음을 혼탁하게 하고
육체를 병들게 하며, 정신의 에너지를 분산시켜 판단력을 흐리게 만든다.

　이러한 절제의 중요성을 절실히 깨닫게 된 계기는 첫 아이를 임신하면서
였다. 정상 몸무게보다 22kg이나 늘어난 것은 단순한 체중 증가로 끝나지
않았다. 임신 중 체중 증가가 자연스러운 일이긴 했지만, 그 숫자 이상으로
내 몸은 더 비대하게 보였다. 결국, 의사로부터 임신 중독증이라는 진단을
받았다. 그 순간 깊은 상실감이 밀려왔다. 다시 임신 전의 몸으로 돌아가고

싶다는 후회가 스며들었다.

결혼 전에는 몸매 관리를 위해 음식을 조절하며, 사회적 미의 기준에 맞추려고 노력했다. 그러한 자유는 순간의 기쁨에 불과했다. 임신 중에는 이러한 기준에서 벗어나 남의 시선을 의식하지 않고 먹고 싶은 것을 마음껏 즐길 수 있었다. 부족했던 잠도 충분히 보충하며, 해가 중천을 넘어 오후로 접어들 무렵에야 일어나는 생활이 반복되었다. 이러한 생활은 부종을 심화시켰고, 임신 중독증을 겪게 되었다. 몸은 점점 무거워져 혼자 일어나는 것조차 힘들어졌다. 발이 심하게 부풀어 신발이 맞지 않아 남편 운동화를 신고 다니는 일이 많아졌다. 다행히 혈압이 높지 않아 정상 분만을 시도할 수 있었고, 건강한 아이를 무사히 품에 안았다. 산통이 심하지 않아 모든 과정이 순조롭게 진행되는 줄 알았다. 이 모든 여정이 끝나는 순간, 새로운 시작이 온다는 생각에 마음이 기뻤다.

그러나 출산 후 분만실에서 나오는 순간, 허리가 끊어질 듯한 통증이 몰려왔다. 자궁은 모든 것을 배출하고 수축과 이완을 반복해야 했지만, 이미 기절한 상태에서 그 기능을 잃고 있었다. 자궁 안에 고여 있던 피는 배출되지 못한 채 계속 쌓였고, 이는 허리를 짓누르는 고통으로 이어졌다. 그 통증은 출산의 산통보다도 훨씬 강렬하게 느껴졌다. 천장이 노랗게 보일 정도로 극심한 통증 속에서, 나는 살고 싶다는 본능에 의사를 붙잡고 살려 달라고 애원했다.

의사는 나를 안심시키고는 가족들에게 "오늘 밤이 고비"라며 지켜보자고 했다. 상황이 나빠지면 수술이 필요할 수도 있다는 말을 듣고, 불안에 휩싸인 채 길고 긴 밤을 견뎌야 했다. 시간은 마치 멈춘 듯 느리게 흘렀고, 나는 밤새도록 하나님, 부처님, 예수님, 그리고 오방신께 이 고비를 넘길 수 있기를 간절히 기도했다.

그 긴 시간 동안 임신 기간의 안일했던 생활을 돌아보며 여러 가지 생각이 교차했고, 깊은 반성의 시간을 가지게 되었다. 내 간절한 마음이 전해졌는지, 시간이 흐르면서 자궁은 정상적으로 기능하기 시작했고, 통증도 서서히 사라졌다.

집에 돌아온 후, 나는 잃어버린 건강을 되찾기 위해 전념했다. 엄마는 시간이 지나면 자연스럽게 살이 빠질 것이라고 했지만, 나는 '다이어트'라는 강박에 사로잡혔다. 잘 조절하고 있다는 생각에 긴장감이 조금 느슨해지면 식욕이 폭발해 다시 과식하게 되었다. 육아를 핑계로 아이가 자면 나도 함께 자는 시간이 점점 늘어나면서 요요현상을 겪게 되었다. 이 반복적인 상황은 점점 나에게 구속처럼 느껴졌다. 그로 인해 느끼는 스트레스는 더욱 커졌고, 다이어트를 위해 의도적으로 식사를 제한하는 것이 나를 더 지치고 힘들게 만들었다. 건강을 위한 노력이 나를 더 압박하는 악순환으로 이어졌다.

강박에서 벗어나기 위해 나는 '다이어트'라는 단어를 떠올리지 않고, 강한 의지를 갖추고 초심으로 돌아가기로 했다. 평소 먹던 음식을 조절하며 절제하는 마음으로 영양이 풍부한 음식과 자연 그대로의 채소 위주 식단으로 서서히 바꿔 나갔다. ROW FOOD(로푸드) 자격증을 취득하고 음식을 개선했다. 로푸드는 음식을 익히지 않거나 최소한의 조리로 섭취하는 식단 방식으로, 신선한 채소, 과일, 견과류, 씨앗, 발아된 곡물 등을 통해 천연 영양소와 효소를 충분히 섭취할 수 있다. 때로는 간헐적으로 단식도 시도해 보았다. 처음에는 힘들었지만, 점차 몸이 적응해 가면서 눈에 띄는 변화들이 나타나기 시작했다. 이 변화는 체중 감소에만 그치지 않았다. 신체적으로는 가벼워지고, 정신적으로는 맑아지는 경험을 하게 된 것이다.

시간이 흐르면서 식사에 대한 집착이 줄어들고, 음식이 주는 기쁨을 온전히 누릴 수 있게 되었다. 음식의 맛과 질을 중시하게 되면서 자연스럽게 건강한 식습관이 자리 잡았다. 몸이 가볍고 활력이 생기면서 식탐이 줄어들었다. 건강한 몸은 건강한 음식을 원했고, 이러한 변화는 내 삶의 질을 한층 높여 주었다. 이제 더는 음식이 나를 지배하지 않음을 느낀다.

나는 과도한 식탐이 정말 몸이 원해서 먹는 것인지, 아니면 마음의 허기를 채우기 위해 음식을 먹는 것인지 깊이 생각해 보았다. 음식을 절제하는 과정을 통해 삶을 조절하고 통제하는 과정에서, 생각의 절제 또한 필요하다는 것을 깨달았다. 단순히 식습관을 개선하는 것에 그치지 않고, 내 마음의 상태를 돌아보는 것이 얼마나 중요한지를 알았다.

우리는 종종 감정이 만들어 낸 불필요한 생각으로 소중한 시간을 인지하지 못하고 살아간다. 이는 과거의 경험에서 비롯된 습관적인 행동의 패턴 때문이다. 이러한 패턴은 우리의 감정 상태에 영향을 미친다. 지나친 생각과 과식은 우리의 마음을 혼란스럽게 하여 삶의 질을 떨어뜨린다.

나쁜 감정과 음식을 채운 마음은 자아를 비대하게 만들어 균형을 잃게 한다. 근심과 염려로 가득 찬 사념은 나쁜 에너지를 끌어들여, 감정에서 벗어나지 못하게 한다. 이로 인해 머리와 어깨에 쌓인 감정의 찌꺼기는 무겁고 지치게 하여, 생각의 절제를 방해하고 삶을 고뇌하게 만든다.

이런 현상은 우리의 소화 기관과도 깊은 연관이 있다. 좋은 음식을 섭취하고 절제하는 생활 습관을 지니면 위장은 튼튼해지고 소화 기능이 향상되어 건강한 혈액 공급으로 우리의 생각도 맑아진다. 이는 몸의 순환이 잘된다는 증거이다. 반면, 몸이 좋아하지 않은 음식을 먹거나, 과식하게 되면 위장에서 부패가 진행되어 가스가 발생한다. 이 가스는 위로 올라와 우리의 어깨와 머리를 무겁게 만든다.

건강한 신체와 올바른 생각의 기초는 좋은 먹거리와 절제에 있다. 생각의 절제는 감정에 휘둘리는 사람에서 이성적으로 사고하는 사람으로 나아가게 한다. 이성적인 사고는 우리가 더 명확하고 신중하게 결정을 내릴 수 있도록 돕는다.

음식 절제로 시작한 가벼운 마음은 내면 깊은 곳에서 생각 나무가 싹 트고 있음을 자각하게 해 주며, 맑고 신선한 공기로 채워진 공간에서 평온을 느끼게 한다. 절제하는 삶을 통해 나는 내가 무엇을 먹고, 어떻게 생각하는지를 조절하며, 나아가 내 삶을 스스로 디자인하는 힘을 키워 가고 있다. 이 과정을 통해 나의 욕망과 감정을 객관적으로 바라보게 되었다.

나의 어록

절제를 실천하며 얻게 되는 자기 통제력은 삶의 방향을 주체적으로 설계하는 힘을 길러 준다.

다채로운 맛의
집 탐구

　EBS 방송의 '건축 탐구—집'이라는 프로그램을 즐겨 본다. 이 프로그램은 건축하는 과정과 그 집에 담긴 의미를 소개해 준다. 집을 통해 집주인의 생각과 철학, 그리고 삶의 흔적을 엿볼 수 있다. 집은 우리에게 안락함을 주는 행복의 공간이며, 수많은 추억을 담아내는 그릇이다. 내 마음속에도 특별한 세 곳의 집이 자리하고 있다.

　첫 번째 집은 아버지의 냄새와 어린 시절 추억이 깃든 곳이다. 병풍처럼 펼쳐진 대나무 숲에 둘러싸인 이 집은 거센 비바람이 불어와도 든든한 안식처가 되어 주었다. 계단으로 된 축담(신발을 벗어 두는 곳)에서 바라보면, 햇빛에 반짝이는 잔물결의 아름다운 남해 바다가 한눈에 들어온다. 집은 따뜻하고 개방적인 공간으로 시원한 바람이 불어오면 쾌적함이 느껴지곤 했다. 이 집은 다섯 채로 이루어져 있었으며, 마을에서 두 번째로 큰 규모였다. 길게 뻗은 대청마루 사이에 자리한 두 개의 대들보는 집을 지키는 대장

군처럼 우뚝 서 있었다. 아픈 아버지는 햇살이 잘 드는 대들보 옆에서 태양의 기운을 받으며 휴식을 취하시곤 했다.

아버지가 돌아가신 후, 그리움이 밀려올 때마다 나는 그 대들보에 기대어 아버지와 다시 만나는 듯한 기분을 느꼈다. 아버지는 이 집을 마련하기 위해 평생을 헌신하셨고, 약한 몸을 술로 달래며 가족을 위해 힘을 내셨다. 아버지의 사랑과 손길이 가장 많이 닿은 곳이 부엌이다. 부엌은 가족의 생명을 이어 가는 공간이자 집안의 기운이 시작되는 곳임을 아버지는 알고 계셨다. 그래서 부엌을 항상 청결하고 정성스럽게 관리하셨다. 아버지의 정성이 깃든 그 부엌은 우리 가족의 중심이었고, 그의 사랑을 가장 많이 느낄 수 있는 곳이었다.

부엌 안으로 들어서면 안방 쪽 아궁이 위로 두 개의 부뚜막이 자리하고 있었고, 그 위에는 항상 가마솥이 걸려 있었다. 부엌 뒤편에는 불쏘시개용으로 쓸 마른 낙엽 더미가 놓여 있었고, 그 옆으로 간단한 요리를 위해 석유를 넣은 곤로가 자리하고 있었다. 시꺼멓게 그을린 기둥 옆에는 신줏단지처럼 생긴 긴 정종병이 항상 자리를 지키고 있었는데, 그 안에는 옛날부터 전해 내려오는 비법 식초가 들어 있었다. 그 식초는 마치 주방신처럼 부엌을 지키고 있었다. 엄마는 소나무 잎 한 움큼을 정종병 마개로 사용하셨다. 발효 중인 기포의 움직임이 없을 땐 엄마는 정종병 입구에 입을 맞추어 마치 심폐소생술을 하듯 말씀하셨다.

"너랑 나랑 100년 살자."

그렇게 생명을 불어넣어 주면, 신기하게도 다시 살아난 듯 소리를 내며 숨을 쉬기 시작했다. 마치 생명체가 깨어나는 것처럼 느껴졌다. 참으로 신비로운 순간이었다. 살아 있는 듯 움직이는 이 기운은 어디에서 와서 우리에게 응답하는 걸까? 그 모습이 마치 주방에 신령 같은 존재가 깃들어 있는 것처럼 느껴졌다.

부엌의 따뜻한 온기 속에서, 엄마의 손길과 아버지의 웃음소리를 느끼며 자란 나는 그 소중한 기억을 마음속에 간직하고 있다. 부모님은 집의 기운을 소중히 여겼고, 그것에 정성을 기울이셨다. 이제야 왜 그러셨는지 조금은 알 것 같다. 이 집은 아버지의 삶과 죽음이 함께 숨 쉬는, 부모님의 역사와 사랑이 담긴 공간이다. 이 집은 나의 존재와 정체성을 형성해 준 소중한 장소이다. 집이라는 공간은 단순히 머무는 건물이 아니라, 사랑과 추억이 살아 숨 쉬는 특별한 장소임을 깨닫게 되었다.

두 번째 집은 나와 배우자가 함께 손길을 더하고, 가정의 정성을 담아 완성한 공간이다. 우리가 직접 땅을 매입하고 설계와 시공까지 직접 주도했기에 그 의미는 더욱 깊다. 흔히 '집을 한 번 지으면 폭삭 늙는다.'라는 말이 떠오르듯, 도깨비방망이로 '뚝딱' 하고 내가 원하는 집이 완성될 수 있다면 얼마나 좋을까 하는 생각을 하곤 했다.

집을 짓는 과정은 수많은 고민과 예상치 못한 비용 차이로 인해 피로감이 겹겹이 쌓인 시간이었다. 사람들은 이를 즐거운 비명이라 표현하지만, 그때의 나에게는 고뇌와 갈등의 연속이었다. 처음부터 끝까지 모든 선택의 결과는 오롯이 우리의 책임으로 돌아오는 상황에서, 몇 달 사이 내 머리카락은 점점 파 뿌리가 되어 갔다. 그 과정을 통해 깨달은 것은, 세상에는 공짜가 없고 모든 일이 원하는 대로만 흘러가지 않는다는 사실이었다. 그렇게 온 마음과 정성을 쏟아 완성한 집은 비록 남들에게는 부족해 보일지라도, 우리 가족에게는 영혼을 쏟아 만든 안식처였다. 그만큼 고생한 덕분에 가족 간의 유대감이 더욱 깊어졌다.

입주하는 날, 하늘의 수문이 열린 듯 무거운 비가 세차게 쏟아졌다. 우리는 '비 오는 날 이사하면 잘 산다.'라는 속담을 믿으며 위안으로 삼았다. 첫 상견례는 비가 이어 주었고, 건축 기념으로 왕 대추나무와 무화과나무를 각각 한 그루씩 심었다. 시간이 흐를수록 과실나무는 무럭무럭 자라 새들과 벌이 함께 나눠 먹을 수 있을 만큼의 풍성한 열매를 안겨 주었다.

'새들 한 입, 비 한 입, 바람 한 입, 땅 한 입, 내 한 입'을 나누며 자연과 가족이 되어 가는 유대감을 느껴 본다.

옥상에 누워 하늘을 바라보면, 우주가 나를 중심으로 '빙빙' 돌아가는 듯한 기분이 든다. 구름이 흘러가고 새가 날며 바람이 스쳐 지나간다. 어느 순간, 맑게 갠 하늘과 내 마음이 하나가 되는 듯한 느낌이 들 때, 마치 우주로 이어진 웜홀을 지나 눈앞에 거대한 지평선이 펼쳐지는 것 같다. 내 마음은 우주가 되고, 우주는 내 마음이 되어 광활한 빛 속에서 세상을 모두 가진 듯한 기분을 느낀다. 살아 있다는 존재의 희열이 온몸을 이완시키고, 자유와 평화의 마음은 이 순간 행복한 따스함으로 다가온다.

세 번째 집은 우리의 육체로, 안이비설신의(眼耳鼻舌身意)가 머무는 공간이다. 신이 우리에게 허락한 온전한 소유의 진짜 집이다. 이 집은 영혼이 머무는 육근의 공간이며, 나는 보이지 않는 마음의 눈으로 이 집을 살피고 청소한다. 이완된 마음으로 내면의 집을 자세히 보아야 그 상태를 알 수 있다. 마음은 감정과 생각이 머무는 곳이다. 때로 복잡한 감정이나 부정적인 생각으로 집 안이 어수선해지기도 한다. 우리가 사는 집을 매일 청소하듯, 나는 명상을 통해 마음을 정화하고 깨끗하게 다듬는다. 마음의 집을 청소하고 관리하는 일은 내 삶의 질을 높이는 중요한 과정이기 때문이다.

과거에는 마음이 허락하는 대로 움직이다 보니 몸을 제대로 배려하지 못했다. 정신적인 활동에 집중하느라 몸의 소리를 듣기보다는 마음의 욕구에 따라 몸을 끌고 다녔다. 그 결과, 몸은 점차 자신에게 소홀해진 것에 서운함을 느끼며 쉼을 요구하기 시작했고, 결국 통증이라는 형태로 반란을 일으켰다. 이 과정을 통해 몸과 마음이 유기적으로 연결되어 있다는 사실을 알게 되었고, '바른 자세에서 바른 마음이 나온다.'라는 진리를 깨닫게 되었다.

몸의 전체적인 조화는 육체적 기능의 활성화뿐만 아니라 정신적 자각과도 깊이 연결되어 있다. 마음을 건강하게 움직이기 위해서는 먼저 건강한 몸을 만들어야 한다는 생각이 들었다. 그래서 나는 꾸준히 내 몸의 문제점을 인식하고 이를 교정하는 과정에 들어갔다. 마음의 욕구에 따라 형성된 잘못된 습관들을 근육학을 공부하며, 그 이론을 바탕으로 작은 실천으로 하나씩 적용해 나갔다.

예를 들어, 늘어지고 굳어진 근육들을 풀어 주고, 근육이 가는 올바른 길을 찾기 위해 의식적으로 바른 자세를 유지하려고 노력했다. 잘못 형성된 근육의 길이는 시간이 지나면서 서서히 교정되었고, 그 결과 내 몸은 점차 균형을 되찾아 갔다. 바른 자세로 서고, 바른 자세로 앉는 형태 유지도 처음에는 힘들었지만, 꾸준한 노력과 인내를 통해 서서히 개선되었다.

유엔 보고서에 따르면, 인간의 평균 수명이 120세에서 130세까지 연장될 수 있다고 한다. 살아온 날보다 살아갈 날이 더 많을지도 모르는 지금, 긴 건강 수명을 누리기 위해서는 신체와 정신이 깃든 집을 건강하게 유지하는 방법을 배우고 실천해야 한다.

우리는 종종 자신의 존재를 인식하지 못한 채 소외된 삶을 살아간다. 사회는 많은 부와 권력을 지식과 지성을 통해 얻은 성공으로 평가하지만, 그 과정에서 영혼과 육체라는 집이 점점 질식당하고 있다. 자신을 소외시키며 살아가다 보면, 결국 자기 자신과 진정으로 소통하기 어려워지고 타인과 깊은 공감을 나누는 것 역시 힘들어질 수밖에 없다.

내가 나를 가장 잘 알고 있다는 착각은 자아가 비대해지는 결과를 초래할 수 있다. 익숙한 것일수록 자신을 잃기 쉽고, 때로는 육체라는 집 안에서 전쟁이 벌어져도 그것을 남의 일처럼 여기곤 한다. 몸이 아플 때, 우리는 흔히 의사가 내 몸을 가장 잘 아는 사람이라고 생각한다. 하지만 의사의 진료와 처방에 의존하기보다는 내 집을 스스로 점검하고 원인을 찾아 고치는 것이 우선 되어야 한다. 내 몸과 마음의 주인은 '나'이기 때문이다.

'나'라는 존재는 우주에서 가장 소중한 보물을 담고 있는 집이다. 이 집은 남에게 보여 주기 위한 것이 아니라, 오직 나 자신을 위해 내가 직접 청소하고 관리해야 한다. 내 집은 내가 지켜야 하며, 나는 그 집을 소중히 여길 자격이 있다. 내 몸과 마음의 건강은 나의 삶을 지탱하는 기초이므로, 이를 소홀히 하지 않고 최선을 다해 돌보는 것은 나에게 주어진 책임이자 의무이다.

첫 번째 집은 어린 시절 부모님의 사랑과 따뜻한 관심이 가득했던 공간이다. 두 번째 집은 나와 남편, 자녀들이 함께 만든 사랑과 애정이 깃든 공간이다. 세 번째 집은 신이 허락한 온전한 소유로, 나의 정신이 담긴 공간이다.

이 세 집에서 과거, 현재. 미래가 교차하며 향기가 난다.

> **나의 어록**
>
> 집은 단순한 공간을 넘어, 우리의 삶의 의미와 추억, 사랑, 그리고 시간 속에 쌓인 역사와 영혼이 담겨 있는 소중한 장소이다. 정신이 깃든 집은 내가 만들어 온 결과물이다. 더욱 사랑하고 보살핌을 받아야 하는 공간이다.

요가,
삶의 새로운 시작

불혹의 나이에 접어들면서, 회사와 집을 오가는 쳇바퀴 같은 일상에서 삶의 무료함과 싫증을 느꼈다. 결혼 전에는 인적 네트워크로 이루어진 조직에서 구성원으로서 존재하는 것만으로도 즐거웠다. 열정이 식지 않은 강한 의욕과 역마살로 떠돌며 영혼의 자유를 갈망하는 삶은 나에게 살아 있음을 증명하는 길이었다.

나는 최선을 다해 영혼에 양식을 채우고 넘치는 에너지는 헌신이라는 명목 아래 공동체와 함께하는 삶으로 이어졌다. 거침 속에서 오감을 자극하며 보람과 희열을 느꼈고, 그 과정에서 자부심을 얻을 수 있었다.

하지만 결혼 후, 가정을 이루며 짊어져야 할 무게로 활동 범위가 좁아졌다. 잔잔하게 흐르는 일상은 때론 무미건조한 의무감으로 다가왔다. 선택한 환경에서 부딪히는 한계는 나를 가두는 듯한 답답함을 느끼게 했다. 책임감이 강한 나는 참고 인내하는 것이 올바른 선택이라고 생각하며, 힘든 마음을 '꾹꾹' 눌러 담았다. 그러나 지칠 때마다 피곤과 통증으로 몸과 마음이 반항했다. 결국, 마음의 병을 앓게 되었다.

그럴수록 예전에 느꼈던 젊음의 열정과 의욕을 찾고 싶었다. 새해 첫날, 제2의 인생을 만들겠다고 결심했다. 보이지 않는 창살에서 해방되기 위해 영혼을 다 쏟겠다고 다짐했다. 이 결심이 나의 새로운 길로 이끌어 줄 것이라고 믿었다. 나 자신을 되찾기 위한 여정을 시작했다.

집 근처를 오가던 중, '이연희 요가샬라'를 발견하고 등록했다. 선생님은 날씬한 몸매에 긴 생머리, 그리고 윤곽이 또렷한 매력적인 얼굴을 가진 분이었다. 차가운 목소리 속에서도 자신감이 넘쳤고, 그 모습에서 강한 에너지를 느낄 수 있었다.

순간, '나도 요가를 열심히 해서 선생님처럼 아름다운 몸매와 강한 정신을 갖고 싶다.'라는 욕심이 불타올랐다. 강한 에너지를 지닌 선생님의 유연한 몸과 맑은 정신은 나를 열정으로 가득 채워 주었다. '나를 심폐소생술 해 줄 수 있는 사람은 바로 이 선생님이야!'라는 강한 믿음이 마음속에 자리 잡았다.

3개월 동안 가르쳐 주는 대로 요가 자세를 흉내 내며 굳어 있던 근육을 천천히 풀었다. 탈선한 근육들이 제자리로 돌아가는 과정에서 느껴지는 통증은 나를 시험에 들게 했다. 이 고비를 넘기지 못하고 그만두면 또다시 후회할 것만 같았다. 나 자신과 싸움에서 선택은 명확했다. 반복되는 인생을 끊고 싶어 선택한 제2의 인생 프로젝트 만들기를 결심한 만큼, 물러설 수 없었다. 지쳐 너덜거리는 몸을 정신은 배려하지 않고 이끌었다. 목 끝까지 차오른 임계점을 넘어야 진짜 나와의 싸움이 시작된다는 걸 알았다. '환골탈태'만이 내가 진정 원하는 것이었다. 희열이 느껴졌다. 목표를 수정하거나 궤도를 벗어나고 싶지 않았다. 멈추지 않고 오히려 더 적극적으로 나를 밀어붙이며 육체와 마음을 채찍질로 길들였다.

정신의 승리인가?

나무 막대기처럼 뻣뻣하게 움직이던 근육이 조금씩 길을 찾아가며 유연해지기 시작했다. 동작을 익히고 자신감이 생길 때쯤 욕심이 생겼다. 내 몸에 맞는 가동 범위보다 더 넓게 벌린 순간 "뚝" 하고 찢어지는 소리가 들렸다. 그건 근육이 파열된 소리였다. 선택한 고통을 즐기며 슬기롭고 현명하게 이겨 내야 내 몸과 친해질 수 있다. 건강한 몸매의 성형이 시작된 것이다. 그 과정에서 느껴지는 희열은 나를 멈추려는 마음 없이 보이지 않는 끝을 향해 달리게 했다. 아픈 부위에 마음을 심으면 통증과 감정이 일지만, 호흡에 집중하면 그 아픔은 그저 바라봄이 된다. 몸과 마음의 경계를 허물고 점점 더 나의 본질에 다가가고 있음을 느꼈다.

집중된 호흡에는 시공간을 초월한 에너지가 흐른다. 그 고요함 속에서 관찰자와 행위자는 하나가 되어 좋음과 싫음이 없는 상태를 경험한다. 모든 것은 마음 작용이 이끈다는 진리를 요가를 통해 배웠다. 근육의 통증은 어느새 한 달을 훌쩍 넘기며 언제 사라졌는지 흩어졌다. 고통을 이겨 낸 결과로 가동 범위는 확장되었고, 마음 그릇은 더 커졌다. 이제는 내 몸을 더 미세하게 관찰하고 인지하며, 욕심부리지 않고 근육을 사용하는 법을 배우고 있다.

어느 날, 요가 선생님이 몸과 마음이 많아 달라진 것 같다고 말했다. 그 순간 '나의 작은 변화가 시작되었구나!'라는 기분이 들었다. 그 변화는 나 자신에게 새로운 가능성을 열어 주는 기회로 다가왔다.

요가는 올바른 근육의 길을 막힘 없이 통하게 하고, 뼈를 감싸는 골격근을 움직이게 하는 수련이다. 일차적인 몸의 성형 단계는 끝났고, 이제는 요가를 통해 몸을 지속해서 유지하고, 더욱 발전시켜 나아가야겠다는 생각이 들었다. 진정한 요가인으로 한 발짝 나아가는 계기였다. 부드러운 몸의 움직임과 정신을 하나로 묶고 나아가는 수련은 정말 매력적이다.

선생님과 만 14년이라는 시간, 육체와 영혼의 정화를 통해 보이지 않은 길을 영적 스승과 함께 걸어가고 있다. 나의 고집으로 이루어진 몸과 마음을 내려놓고, 선생님이 가르쳐 주는 대로, 들리는 대로, 보이는 대로 가르침을 받고 있다. 맑은 영혼의 소리는 맑은 물들임으로 '나'라는 사람을 만들고 있다. 그 결과, 영혼까지 성형하는 여정을 걸어왔다.

진정한 요가는 화려한 동작의 기술을 익히는 것이 아니라, 편안하고 고요한 내면의 나와 하나 되는 집중력을 키우는 것이다. 이를 통해 일상을 만족스럽게 살아가는 힘을 기르고, 지금 여기, 현재를 온전히 살아가게 한다. 요가는 우리의 삶을 깊이 있게 변화시키는 도구이다.

인생에 있어서 가장 잘한 것이 요가를 만난 것이라고 확신한다. 요가 수

련을 통해 삶의 태도가 확연히 달라졌고, 요가는 이제 내 삶의 일부가 되었다. 그 매력을 느낄수록 '요가에 관하여' 더 깊은 궁금증이 생겼다. 그 답을 찾기 위한 여정이 시작되었다. 선생님은 지식과 수행을 통해 답을 찾을 수 있다고 하며 『요가수트라』(경전)를 추천해 주었다.

그날 이후 나는 『요가수트라』를 펼치며 내면으로의 여행을 시작했다. 이 경전은 요가의 동작이나 자세에 관한 책을 넘어 삶의 철학, 마음의 본질, 그리고 영혼과 우주의 관계를 풀어낸 깊은 사유의 기록이었다.

경전을 공부하며 나는 우리 몸의 숨은 지휘자는 신체 뒤편에 자리하고 있다는 사실을 깨달았다. 척추를 따라 이어진 신경계는 눈에 보이지 않는 곳에서 우리의 모든 기능을 통제하는 역할을 하고 있었다. 오케스트라의 지휘자처럼, 신경계는 우리가 움직이고, 감각하며, 자신을 인지하게 만든다. 눈을 감고 신경계의 움직임을 집중할 때, 비로서 나를 정확히 볼 수 있다는 것을 알았다.

우리는 손과 발을 단순히 물건을 잡거나 이동하는 도구로 여기기 쉽다. 그러나 요가적인 측면에서 손과 발은 신체의 일부를 넘어, 나의 모든 삶을 담고 있는 끝과 시작이다. 손과 발을 통해 세상과 연결되고, 내면의 에너지와 정신을 밖으로 표현한다. 손과 발의 움직임이나 형태를 통해 그 사람의 삶과 내면을 읽을 수 있다. 이를 소홀히 대하는 것은 곧 나 자신을 소중히 여기지 않는 것과 같다.

요가는 감각의 제어와 명상을 통해 지식과 수행을 조화롭게 연결하는 과정이다. 지식 없이는 방향을 잃고, 수행 없이는 깊이를 잃는다. 나는 이 두 가지를 삶에 조화롭게 연결하기 위해 노력하고 있다.

『요가수트라』는 살아가는 방식을 다시 설계하는 지침이 되었다. 보이지 않는 눈으로 나를 더 깊이 인지하며, 관여하기보다는 관찰자의 시선으로 삶을 살아가고자 한다.

우리 인생에서 가장 소중한 것은 손에 잡히지 않는 곳, 눈에 보이지 않는 곳에 있다.

나의 어록

요가는 추상의 기술이다. 추상은 영혼을 다스리는 일이다. 영혼을 다스리는 기술은 보이지 않는 에너지가 그리는 무늬이다.

삶에 대한,
나를 위한 탄원서

한밤중, 잠자리에서 부스스 일어나 창호 문 쪽을 바라보았다. 희미한 달빛 속에서 검은 그림자가 아른거렸다. '이 시간에 누가 찾아온 걸까?' 잠시 착각일 수도 있겠다는 생각에 눈을 비비고 정신을 가다듬었다. 그러나 문에 비친 그림자는 선명했다. 갓을 쓴 저승사자가 서 있었다.

놀랍게도 무섭지도, 당황스럽지도 않았다. 오히려 이상할 만큼 차분한 마음으로 문 앞에 선 저승사자 세 명을 바라보았다. '나를 데리러 온 걸까?' 어렴풋이 그런 생각이 들었다. 그러는 사이, 저승사자들의 손이 내 손목을 잡았다. 이끌리듯 그들을 따라가면서도 저항하지 않았다. 현실인지 꿈인지 분간할 수 없었지만, 그저 모든 것이 자연스럽게 느껴졌다.

"저승사자님! 잠시만요." 나는 그들을 따라가던 중 갑자기 멈춰 섰다.

저승사자가 고개를 돌려 나를 쳐다보며 물었다.

"왜 그러느냐?"

나는 침을 꿀꺽 삼키고 말했다.

"지금 저를 데리고 가시는 겁니까?"

저승사자는 고요한 목소리로 대답했다.

"그렇다. 이제 가야 할 시간이다."

나는 단호하게 손을 흔들며 외쳤다.

"아니요! 저는 아직 이승에서 해결해야 할 숙제가 남아 있습니다."

저승사자는 흥미롭다는 듯 눈썹을 살짝 치켜세우며 물었다.

"해결해야 할 숙제? 그것이 무엇이냐?"

나는 숨을 고르며 말했다.

"저는 지구에 내려오기 전 신들과 약속한 일이 있습니다. 그 약속을 아직 다 지키지 못했어요. 그리고 제가 죽는 날도 이미 정해 두었습니다. 그날이 되기 전에는 절대 죽을 수 없습니다."

저승사자는 나를 가만히 응시하며 입을 열었다.

"네가 정해 둔 죽는 날이라… 그게 언제란 말이냐?"

나는 미소를 지으며 자신 있게 대답했다.

"88세에 팔팔하게! 좋은 날에, 좋은 시에, 나를 보내는 시간을 의식하며 장애와 상처 없는 신체로 그날 떠나고 싶습니다. 만약 그 이후에도 더 살게 된다면, 그 시간은 감사한 마음으로 새로운 나날로 소중히 보낼 것입니다. 하지만 그전에는 절대로 안 됩니다. 그러니 그날 다시 찾아오십시오."

저승사자는 한동안 나를 가만히 바라보았다. 그의 눈빛은 심오한 듯, 그리고 약간은 의아한 듯했다. 마침내 그는 천천히 고개를 끄덕이며 말했다.

"네 말대로 그날 다시 오겠다. 다만 그 시간까지 네가 약속한 숙제를 반드시 완수하도록 하라. 그 약속이 네 시간을 지켜 줄 것이다."

그는 잠시 머뭇거리더니 마지막 말을 남겼다.

"기억하라. 모든 시간이 너의 것만은 아니라는 것을. 그런데 왜? 이곳에 더 있어야 할 이유가 무엇인지 들어나 보자."

저는 지구의 문을 열고 이곳에 내려온 이유가 분명히 있습니다. 안타깝게도, 신들과 약속했던 일이 무엇인지 기억나지는 않습니다. 지구인으로 태어나면서 그 약속을 잊어버렸고, 지금 그것을 찾는 과정에 있습니다.

이곳에서 살아가며 느낀 것은, 매우 급하고 반복되는 일상 속에서 '나'라는 존재를 잊고 사는 순간들이 많다는 것입니다. 내가 누구인지, 왜 이곳에 있는지를 인지하지 못한 채, 그저 쳇바퀴 같은 삶에 매몰되곤 합니다. 인간으로 태어나 이 몸을 받아 살아간다는 것은 단순히 삶을 소비하는 데 그치는 것이 아니라, 그 안에서 배움을 통해 통찰을 얻고, 성장을 위한 기회를 누리는 과정 같습니다. 삶은 경험의 연속이며, 그 경험은 나를 조금씩 더 나은 방향으로 변화시키는 소중한 자산이 되기도 합니다.

내가 여기 있는 이유는 생존을 넘어, 내 영혼이 더 깊고 넓게 확장되기 위한 과정임을 점점 더 명확히 느끼고 있습니다. 끝없는 윤회의 과정에서, 여전히 채우지 못한 공부가 있었기에 나는 이곳에 다시 태어난 것이라고 믿습니다. 그 공부는 단지 지식을 쌓는 것이 아니라, 내면의 통찰과 성장을 통해 영혼을 다듬는 과정이라 생각합니다.

길을 찾아 걸어가다 보면, 어떤 날에는 그 길이 마치 햇빛에 비친 오솔길처럼 선명하게 보일 때도 있지만, 또 어떤 날에는 물안개 속에서 헤매듯 혼란과 방황을 겪고 있기도 합니다. 그런 날들 속에서 나는 흔들리지 않기 위해 더욱 내 마음을 다잡고, 돋보기로 삶의 세부를 들여다보듯 세심하게 관찰하며 길을 찾으려 합니다.

확실히 깨달은 것은, 작은 내 우주에서 어리석은 욕심에 집착하지 않고 성냄으로 마음을 어지럽히지 않겠다는 것입니다. 진정한 평온 속에서 살아가는 삶이 얼마나 중요한가를 찾았습니다. 나이가 들수록 세속적인 욕망에 물들었던 제 마음속에는 탐욕, 성냄, 어리석음이라는 삼독(三毒)의 씨앗이 자리하고 있음을 더욱 자각하게 됩니다. 이 삼독은 제가 세상을 바라보는 시야를 흐리게 하고, 마음의 고요를 방해합니다. 이제는 그 어둠을 깨닫고 정화하며, 되풀이되지 않도록 노력하고 있습니다. 마음을 다스리고 내면의 평화를 유지하는 길은 절대 쉽지 않지만, 반드시 걸어야 할 길임을 알았습니다. 마음을 다스리는 것이야말로 인생에서 가장 중요한 과제임을 느낍니다.

살아가며 사람들과 진심으로 소통하고, 사랑으로 삶을 채우며 하루하루를 살아가고 있습니다. 과거의 고통과 갈등을 넘어, 이제 삶은 애쓰며 견뎌내는 과정이 아니라, 최선을 다하는 마음으로 충만해질 때 진정한 사랑과 살아 있는 고귀함을 느낄 수 있는 것임을 실감합니다.

충만한 삶이란, 지금 이 순간을 온전히 살아가며 행복과 만족을 느끼는 상태입니다. 단순히 많은 것을 이루거나 소유하는 것이 아니라, 순간에 몰입하며 가진 것에 만족하고 감사함을 느끼는 데서 오는 내적 충족감입니다.

지금 느끼는 충만한 마음에서, 나는 비로소 진정한 인생의 맛을 음미하고 있습니다. 마치 새로운 막이 열리며, 진짜 인생이 시작되는 중요한 기점에 서 있는 듯한 설렘과 깨달음이 가득합니다. 이 소중한 순간을 결코 흘려보내고 싶지 않으며, 온전히 누리고자 합니다.

세상은 흔히 나이에 대한 편견으로 나이 듦에 선을 긋곤 하지만, 나는 아직도 열정과 젊음의 생각과 마음을 간직하고 있습니다. 배워야 할 것들, 이루고 싶은 일들이 끝없이 펼쳐져 있기에 나이는 결코 제약될 수 없습니다.

'나이는 숫자에 불과하다'라는 말처럼, 나이에 상관없이 배움이 없는 삶이야말로 진정한 노화의 시작입니다. 뇌는 끊임없이 자극을 받고 소통해야만 죽음에 이르기까지 나와 연결되는 힘을 유지할 수 있습니다. 그것은 곧 에너지이며, 이 에너지는 내 안의 열정을 불러일으켜 나를 움직이게 합니다. 나는 이 열정을 바탕으로 새로운 기회와 가능성을 찾아 계속해서 연결하고자 합니다.

삶이 주는 시련과 고통은 내 마음에 굳은살을 남겼지만, 그것은 결코 부정적인 것이 아닙니다. 오히려 임계점을 넘는 어려움도 견뎌 낼 힘을 길러 주었고, 내면의 단단함을 키워 주었습니다. 이제는 이 굳건한 마음을 바탕으로 삶을 음미하며 살아가려 합니다. 나는 이 인생의 진미를 끝까지 놓치지 않고 살아내겠다는 다짐으로 오늘을 걸어가고 있습니다.

나는 무에서 유를 창조하는 경이로운 경험으로 자식을 낳았습니다. 자식은 단순한 생명을 넘어 내가 살아야 할 이유를 부여해 주는 고귀한 선물입니다. 그 존재만으로도 사랑과 기쁨이며, 말로 다 표현할 수 없는 깊은 감동입니다.

자식을 키우는 시간은 내 인생에서 가장 감각적인 통증과 기쁨이 공존하는 시간입니다. 육체적으로 고단하고 정신적으로도 무거운 짐을 짊어지는 순간이 많지만, 그 모든 과정은 깊은 보람과 값진 의미로 돌아와 나를 배우게 합니다. 자식이 스스로 단단한 뿌리를 내리고, 사회의 한 구성원으로 자리 잡아 자신의 삶을 주체적으로 살아가는 모습을 지켜보는 것은 무엇과도 바꿀 수 없는 순간입니다.

삶은 매 순간 선택의 연속입니다. 나는 내가 선택한 길을 걷다 보면, 때로는 더러운 똥을 밟기도 하고, 벌레에 물려 고통을 겪기도 하겠지만, 그런 경험조차도 삶의 일부로 받아들일 것입니다. 그 과정에서 맑은 날의 햇살처럼, 향기로운 꽃을 만나고 새로운 기쁨을 느끼는 순간도 있을 것입니다.

산다는 것은 경험을 통해 세상을 바라보고, 그 안에서 가치를 발견하는 과정입니다. 나는 이곳에서 '바라볼 수 있는 힘'을 키우기 위해 존재하는 것 같습니다. 그 힘은 경험의 크기나 상태에 따라 다르게 다가옵니다. 삶을 단순히 주관적인 시선으로만 이해하는 것이 아니라, 그것을 객관화하여 본질에 다가가고, 만족할 줄 아는 눈으로 보려고 합니다.

부딪히고 일어나 길을 걸어가다 보면 언젠가 내가 찾고자 하는 판도라의 상자를 발견하게 될 것이라 확신합니다. 그 상자를 여는 순간, 나는 내가 이 지구에 온 이유와 목적을 분명히 알게 될 것입니다. 나의 목적을 이루고 가는 삶이 될 수도 있고, 아닐 수도 있겠지만, 수많은 경험에서 얻은 앎으로도 충분히 만족하려 합니다. 얽매이지 않고 자유로운 바람처럼, 끝없이 펼쳐진 태평양의 수평선을 향해 걸어가는 길을 나와 내가 동행합니다. 그 길 위에서 나는 넓고 깊은 보랏빛 에너지를 품고, 무소의 뿔처럼 흔들림 없이 걸어가는 미래의 나를 그려 봅니다.

마침내, 그 여정의 마지막에 다다른 순간, 환희로 가득 찬 완성된 내 삶을 마주할 것이며, 그때, 모든 것을 담담히 내려놓고 저승사자님을 따라나설 준비가 되어 있을 것입니다.

지구의 여행이 끝나는 날.